向未来
XIANG WEILAI

KEXUE
FENJI YUEDU

科学分级阅读

4级
SI JI

电流和电路

邱连根 主编
丁 昊 祁陶宇 编著

浙江教育出版社·杭州

电　流

晚上，我们开灯读书；冬天，我们用电暖器取暖；夏天，电扇和空调为我们带来凉爽。这一切的背后，都离不开电流——这种可以让电器运转，却又看不见的力量。

电流到底是什么呢？简单来说，电流就是流动的电子。电子是一种非常小的粒子，它们在导线中流动，就像河流中流动的水一样。当这些电子流动时，它们就能把能量从一个地方带到另一个地方，让电灯发光，让电暖器发热。

手机充电

电暖器

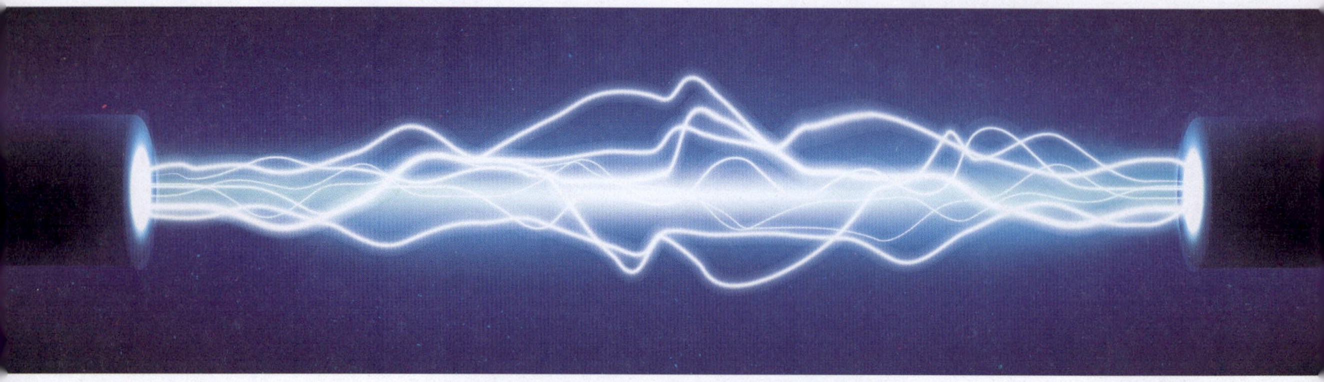

电　路

电流想要顺利地流动就需要一个完整的路径，这就是我们所说的电路。只有电路畅通，电子才能顺利流动。如果电路中断，电子就无法流动，我们的电器也就无法正常工作。

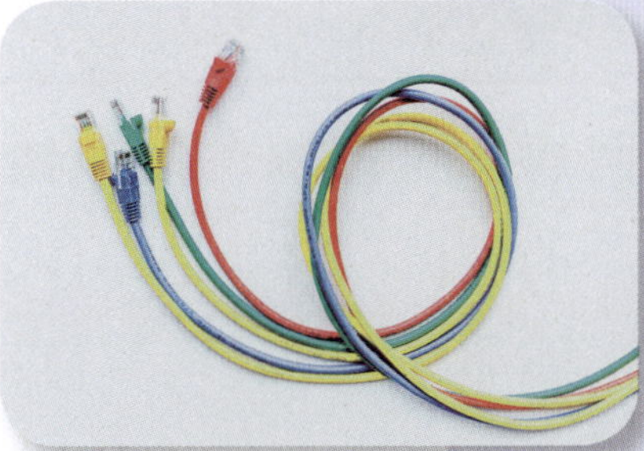

你可以把电路想象成一条公路，电子就像是行驶在公路上的汽车，而电池或插座则像是汽车的起点。

一个最简单的电路包括三个基本部分：电源、导线和用电设备。

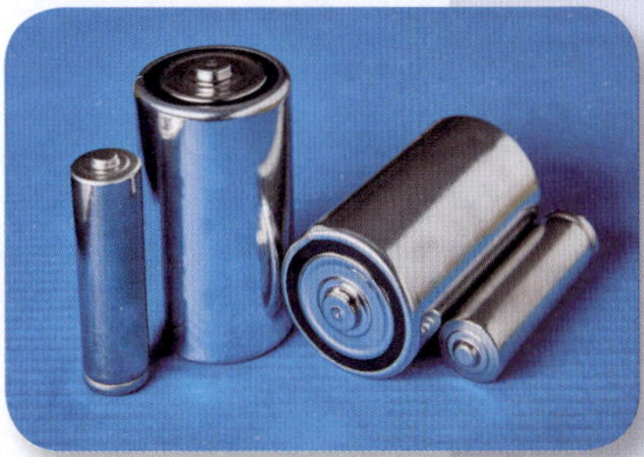

当这三个部分正确连接时，电路就导通了，电流便可以从电源出发，顺着导线流动，通过灯泡，最后回到电源，灯泡就会发光。

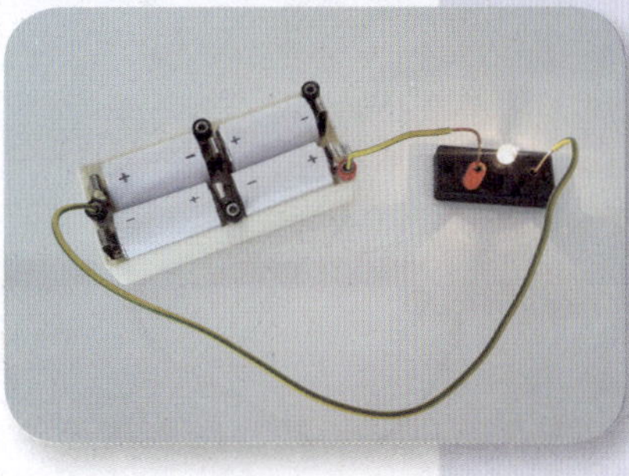

但是，如果电路中的任何一部分没有连接好，就像是公路出现了断裂，汽车无法开过去一样，电流就无法流动，灯泡也就不会亮起来。

导体与绝缘体

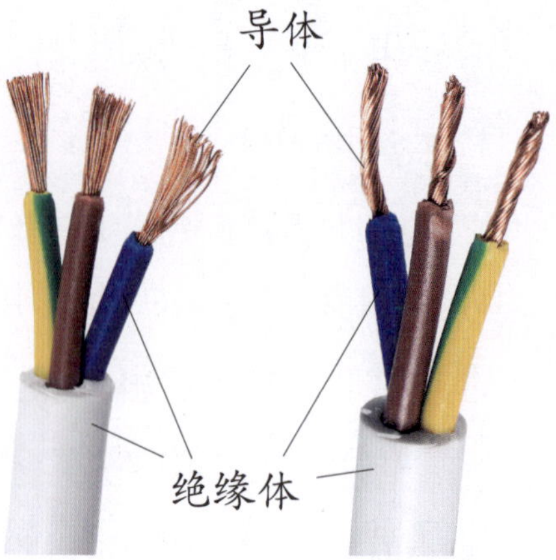

电流在流动的过程中，会遇到两种不同性质的材料：导体和绝缘体。这些材料决定了电流是否能够顺利地通过。

导体就像是宽阔的公路，让电流畅通无阻地流动。大多数金属，比如铜、铝和铁，都是很好的导体。这就是为什么电线都是用这些金属制成的，因为它们都能够轻松地让电流通过。

相反，绝缘体则像是在公路上设置了障碍——禁止通行，电流无法通过绝缘体。塑料和橡胶都是很好的绝缘体。根据绝缘体的特点，我们把塑料或橡胶制成的绝缘皮包裹在金属芯线外层，这样既确保电流只能沿着指定的路径流动，又可防止漏电和触电。

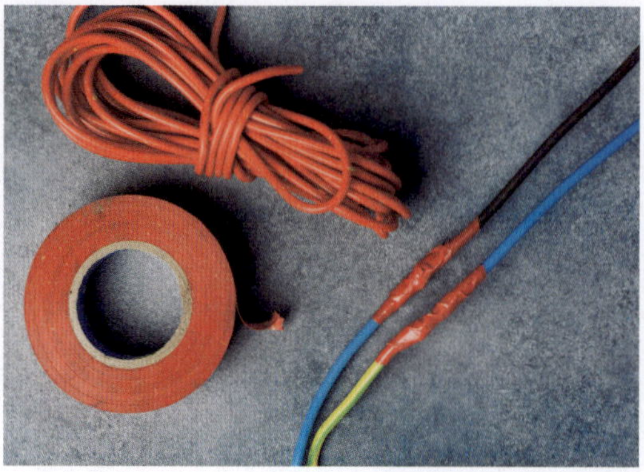

制作简单电路

现在，我们一起来动手制作一个简单的电路，让一盏小灯泡亮起来吧！

首先，我们需要准备一些材料：一个灯泡、两节电池、一个电池盒、几段导线，还有一个开关。这些就是我们制作电路的基本部件。其中，电池将作为电路的电源，为电路提供动力。

接下来我们把电池放入电池盒，然后用导线将电池盒的两极分别与开关和灯泡一端连接，最后再用一根导线将开关与灯泡的另一端连接起来。所有的连接都需要确保紧密且正确，这样电子才能顺畅地流动。

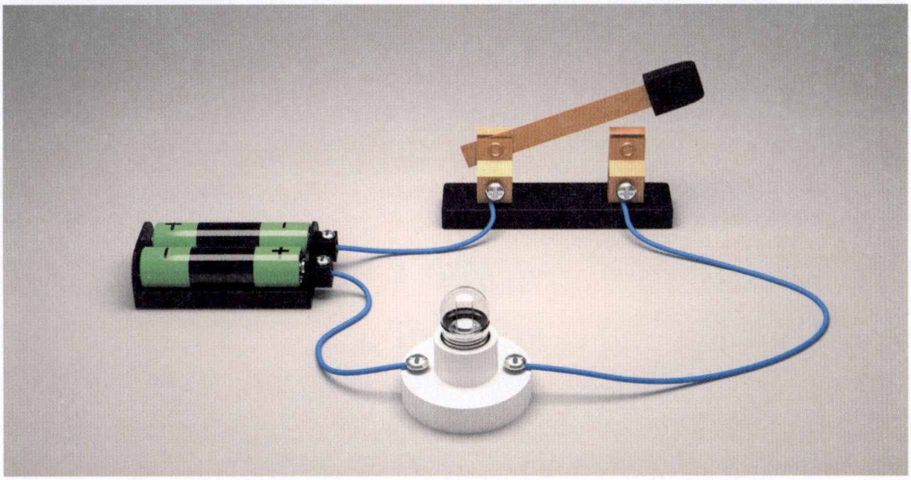

当一切准备就绪，闭合开关，你会发现灯泡亮了起来。这是因为当开关闭合时，电路就导通了，电流便从电池出发，沿着导线流动，经过灯泡，让灯泡发光，然后回到电池，形成了一个完整的回路。

电路的组成部分

在这个小实验中，你可能已经注意到了这次的电路由哪几个基本部分组成。它们分别是电源、导线、开关和用电设备。它们各自发挥着重要作用。

电源：就是我们实验中的电池，它为电路提供必要的电能。

导线：它们像是供电流“行走”的道路，将电路中的各个部分连接起来。在电路中，导线将电源、开关和用电设备连接在一起。

开关：它控制电路的接通和断开。闭合时，电流可以流动；打开时，电路就中断了。

用电设备：这是实验中的灯泡。除了灯泡，电风扇、电视等都是用电设备。

通过组合这些基本元件，我们可以制作出各种各样的电路，完成不同的任务。比如，在不同的电路中，可以让电风扇转动，也可以让收音机播放音乐。

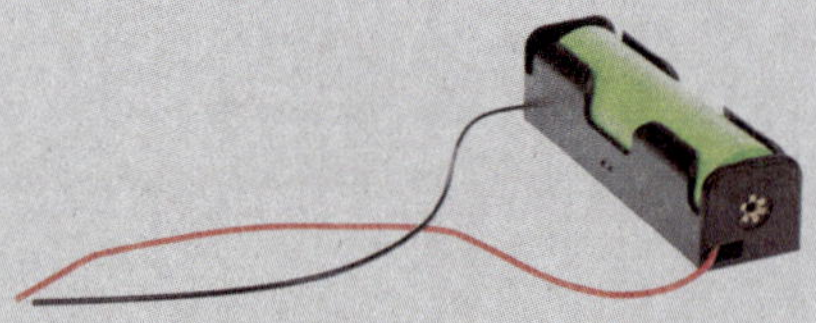

电源

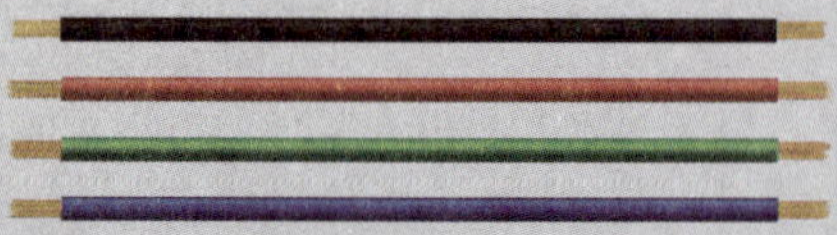

导线

开关

用电设备

开 关

开关在电路中扮演着非常重要的角色，它就像是电流的“守门人”。当开关闭合时，电路接通，电流可以自由流动；而当开关断开时，电路断开，电流停止流动。如果我们的家里没有开关，那么灯就会一直亮着，电视机就会一直开着，这不仅会损坏用电设备，也会浪费很多电。因此，开关让我们能够按需控制电器的使用，既方便又节能。

开关的种类繁多，有的非常简单，如我们电路实验中使用的开关；有的较复杂，比如调光开关，可以控制灯光的多种亮度。还有一些特殊的开关，比如感应开关，当人靠近时自动开灯，人走开后自动关灯。通过使用开关，我们可以更灵活地使用电。开关虽小，却给我们的日常生活带来了极大的便利。

串联电路

有一种电路叫作串联电路。你可以把它想象成一列火车，每节车厢彼此相连，一起前进。在串联电路中，所有的灯泡就像火车的车厢，一个接一个地连接起来。

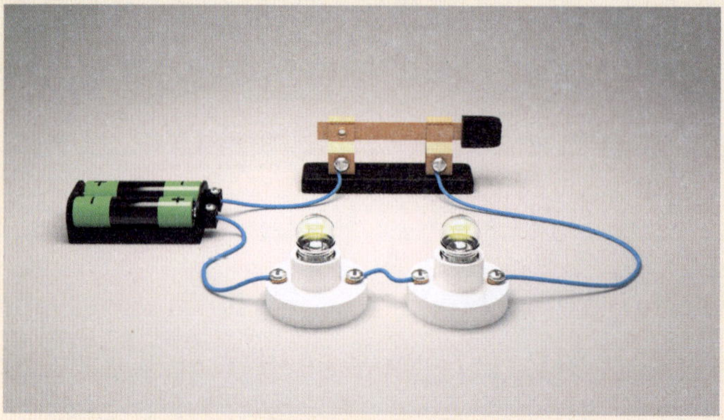

当我们把电源、开关和两个（或两个以上）灯泡用导线依次连接时，就制作了一个简单的串联电路。一旦开关闭合，电流就从电池出发，首先流过第一个灯泡，让它亮起来，然后继续流向第二个灯泡，也让它亮起来，最后回到电池，完成整个回路。

串联电路有一个特点，那就是电流在电路中的每一处都是相同的。这就像火车行驶时，无论是在前面的车厢还是后面的车厢，速度都是一样的。但是，如果电路中的任何一个部分出了问题，比如某个导线没有接好，整个电路就会中断。

在生活中，我们很少使用串联电路，因为一旦其中一个用电设备出现问题，整个电路都会停止工作。

并联电路

生产与生活中通常使用的是另一种电路，叫作并联电路。它就像是一条宽阔的河流分成了几条小支流。在并联电路中，电源、开关和灯泡不是逐个连接，而是并列起来，直接与电源连接。

图示的这个简单的并联电路有一个电源、几段导线、一个开关和两个灯泡。如果我们把每个灯泡分别直接连接到电源上，并且它们之间是并行的，这就形成了一个并联电路。当开关闭合时，电流从电池出发，分成两股，分别流向两个灯泡，让它们同时亮起，然后各自回到电池，完成自己的回路。

并联电路的一个好处是，每个用电设备都有自己独立的电路。这意味着，即使其中一个灯泡不亮了，其他的灯泡还可以继续亮。这就像河流的一条小支流干涸了，但其他支流仍旧有水流一样。

在我们的家庭中，绝大多数电路都是并联电路。这样设计是为了确保当一个用电设备出现问题时，不会影响到家里的其他用电设备。并联电路给我们的生活带来了很大的便利性和安全性。

我们离不开电流

当夜幕降临，街边亮起明亮的路灯，或者在家里，我们轻轻地按下开关，房间里立刻充满了温暖的光芒。这一切的背后，都是因为有电流流经灯泡，灯泡才会亮起来，照亮我们的世界。在户外，路灯如同夜晚的守护者，它们沿着道路排列，为行人和车辆提供照明。这些路灯中，有的使用了节能灯泡，如LED灯，它们消耗的电能更少，发出的光却更亮，使用寿命也更长。

因为有电流和电路，我们的夜晚不再是一片漆黑，而是充满了光明。

在我们的家中，许多必不可少的家电都依赖电流来运行。冰箱通过电流制造冷气，保持内部的低温。这样，我们的食物才能保持新鲜美味。当电流流过电视机时，它不仅能显示出五彩斑斓的画面，还能播放出清晰的声音。这样，我们在家就能观看电影、体育比赛和各种节目。空调在夏日为我们带来凉爽，在冬天提供温暖。洗衣机让我们的衣服清洁如新。这一切都离不开电流的驱动。

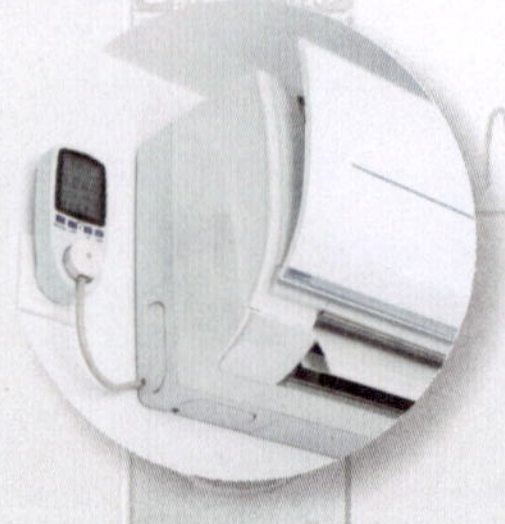

安全用电

虽然电流为我们的生活带来了许多便利，但用电时我们需要格外小心，确保安全。电流就像一匹野马，如果不加以控制，就可能造成危险。

我们绝不能用湿手触摸电器或插座，因为水是导体，很容易让电流通过我们的身体，造成触电危险。在拔插电器时，我们应该握住插头，而不是电线，这样可以避免电线磨损，减少触电的风险。绝对禁止将手指头或者其他物品插入电源口。我们不可以在电器周围堆放易燃物品，比如纸张、窗帘等。因为电器在使用过程中会产生热量，这些物品一旦着火，后果不堪设想。如果家里的电器出现损坏，比如电线外皮裂开，我们应该立即停止使用，并请专业人员来修理。

记住这些安全规则，可以帮助我们更安全地使用电。

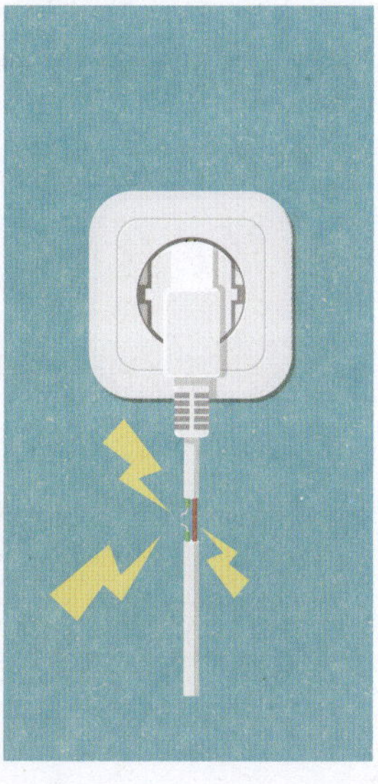

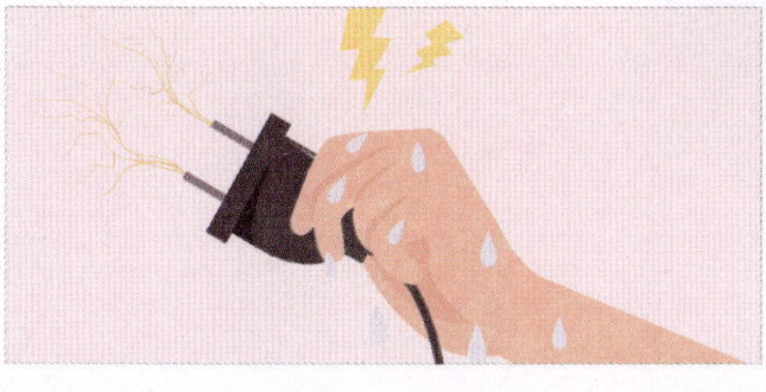

节能方法

我们也应该思考如何节约电能，保护我们的地球。节能不仅可以减少电费支出，更重要的是，它还有助于减少能源消耗和环境污染，对保护地球环境大有益处。

一种简单的节能方法是，及时关闭不使用的电器。比如关掉不看的电视，熄灭空无一人的房间里的灯。另外，我们可以选择使用节能电器，比如 LED 灯。LED 灯比传统白炽灯更节能，使用寿命更长，虽然购买时价格稍高，但长远来看更加经济实惠。

我们不要频繁地开关大型用电设备，比如空调。因为这些设备在启动时需要带动静止部件，并快速将电机或压缩机等关键部件加速到工作速度，这个过程需要短时间内提供较大的电流，导致电力消耗暂时增加。只有设备达到了正常工作状态，电力消耗才会降低到正常运行水平。

通过这些简单的行动，每个人都可以为节能减排做出贡献。

测量电流的工具——万用表

强电流

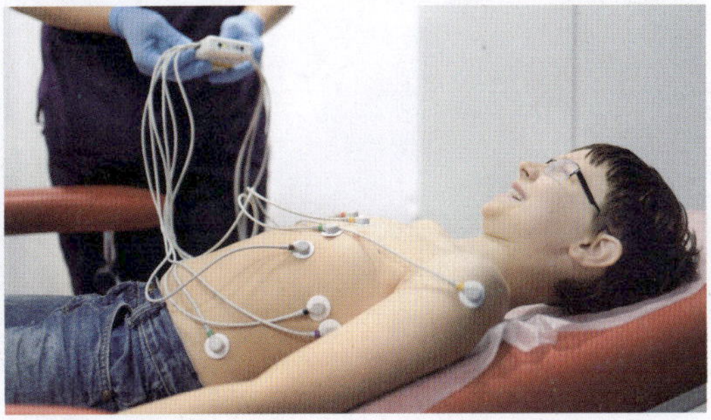

弱电流

电流有强有弱，就像不同河道中的水流有急有缓。科学家们使用一种特殊的工具来测量电流，那就是万用表。万用表是电路实验中不可或缺的工具。

万用表

当我们使用万用表测量电流时，需要把它接入到电路中，让电流通过万用表。通过测量，我们可以知道电路中电流的大小，判断电路是否正常工作。

使用万用表时，我们需要小心，确保正确设置万用表，并选择合适的测量范围。万用表的使用虽然有点复杂，但通过实践和学习，我们可以掌握它，成为小小的电路专家。

通过学习测量电流，我们不仅能更好地了解电路的工作状态，还能培养自己的观察能力和实验技能。

电路也会出现一些问题。这时候，我们就需要耐心地找出问题所在，修复电路。

电路出现问题的原因有很多，可能是电源没有电了，导线断开、松动或连接错误，开关损坏，或者用电设备（如灯泡）坏了。要找出问题，我们可以一步步检查电路的每个部分。

我们可以先检查电源，确保电池有电。接着，检查导线是否完好无损，连接是否正确且牢固。然后，查看开关是否正常工作，最后检查灯泡是否完好。有一个排查故障的简单方法，那就是多准备一些电池、导线和小灯泡。当发现灯泡不亮时，可以分别用新的替换。

通过排查故障电路，我们不仅能解决实际问题，还能更深入地理解电路的工作原理。

随着科学技术的不断进步，电路中融入了更加先进的技术。现在已经出现了一些令人惊喜的发展。例如，无线充电技术让我们不再需要使用杂乱的充电线。智能家居系统也日益普及，家中的电器可以通过互联网相互连接，我们可以远程控制灯光、温度，甚至锁门。智能家居不仅能让我们的生活更加舒适，还能帮助我们节省能源，保护环境。

在有的学校，学生们可以利用虚拟现实技术来做电路实验。在虚拟实验环境中，他们可以更安全地探索神秘的电世界。

虽然我们无法预知未来的所有发展，但有一点是肯定的，那就是电流和电路将继续在我们的生活中扮演重要角色。通过学习和探索电流和电路，我们可以为未来探索物质世界打好基础。

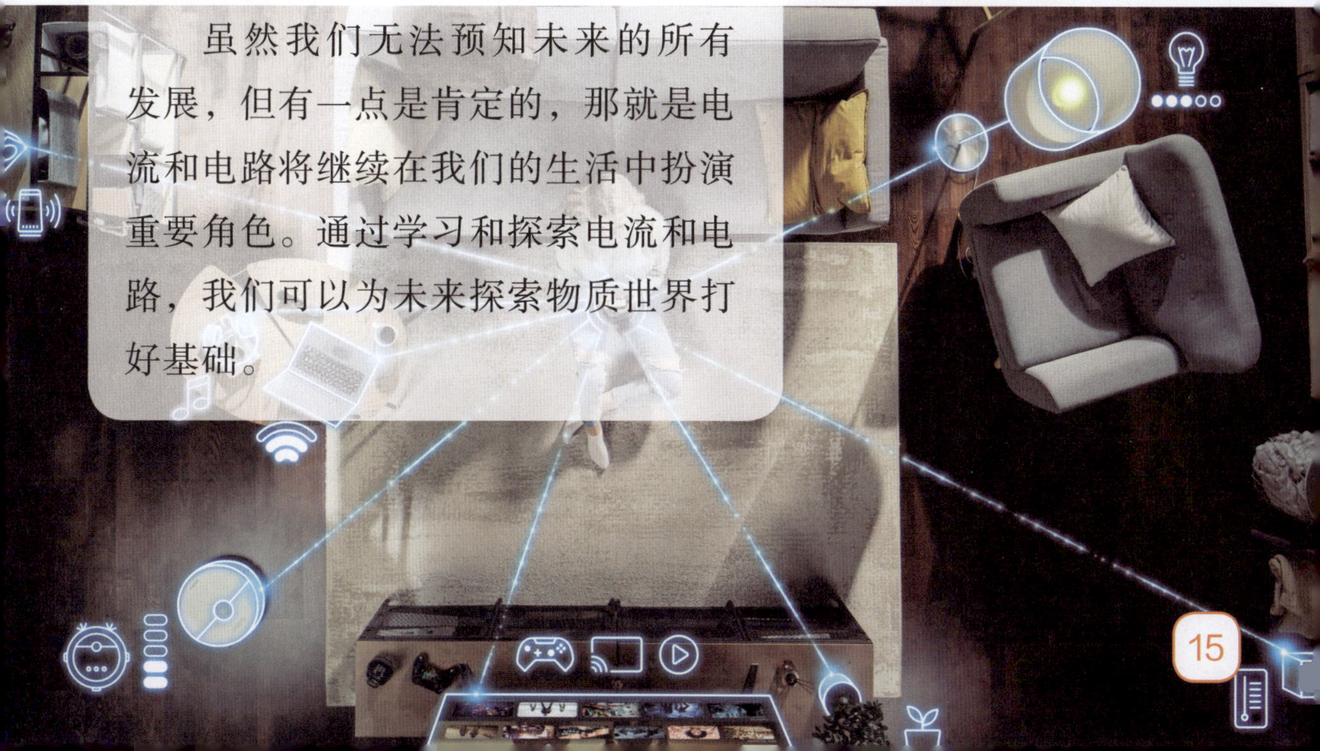

词汇

电流　电路　导体　绝缘体

串联电路　并联电路　万用表

思考

1. 为什么并联电路中，一个灯泡不亮了，不影响其他灯泡亮呢？
2. 试着根据书中的介绍，自己制作串联电路和并联电路。

向未来
XIANG WEILAI

KEXUE
FENJI YUEDU

科学分级阅读

4级
SI JI

测量工具

邱连根 主编
丁 昊 祁陶宇 编著

浙江教育出版社·杭州

测量时间的工具

时间是一种尺度。从时间上看，事件发生的先后可以按“过去—现在—未来”的序列加以确定。自古以来，人类便开始使用各种方法来测量和记录时间。测时仪器的发展历程反映了人类在不懈追求更精确地度量时间。

日晷是一种利用太阳的位置来测量时间的古老工具。它由一个平面和一个指向天空的“杆”组成。当太阳移动时，杆的影子在平面上移动，影子的位置就可以指示时间。

水钟可分为“受水型”水钟和“泄水型”水钟。“受水型”水钟是根据水积累的量来计时，“泄水型”水钟是根据水漏出去的量来计时。总的来说，水钟能计时是根据流水的等时性原理。

沙漏是让沙子从一个玻璃容器的一端通过狭窄通道流向另一端来计时的工具。沙漏的流动时间是固定的，因此可以用不同大小的沙漏来测量特定时间段。沙漏的便携性和相对精确性使其成为早期航海等活动中常见的计时工具。

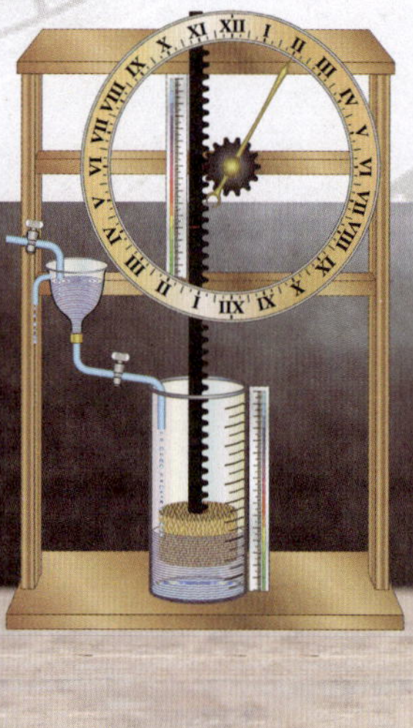

“受水型”水钟

沙漏

秒表能够精确到毫秒，广泛应用于体育竞赛中，可帮助裁判准确记录运动员的成绩。在学校的体育课上，老师使用秒表来测量学生们跑 100 米的时间，每个学生都全力以赴，希望能够在最短的时间内冲过终点。这个过程中，秒表准确无误地记录下了每个人的成绩，确保了比赛的公正性。

电子钟表不仅可以显示时间，还集成了闹钟、计时器等多种功能，成为人们日常生活中不可或缺的工具。现在，很多人出门都不再戴手表了，而是直接用手机等电子设备看时间。

测量距离的工具

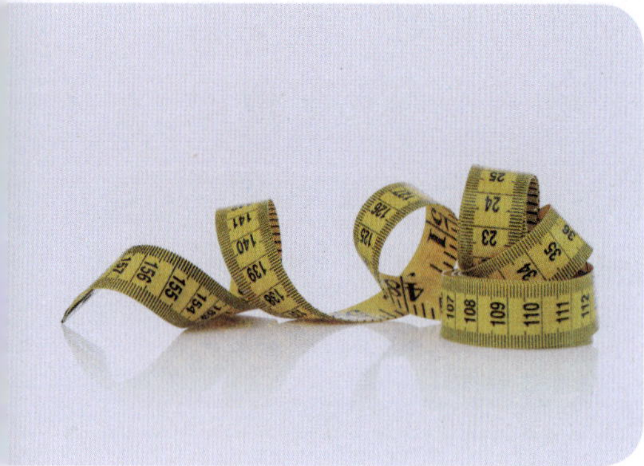

在日常生活和科学研究中，卷尺和标尺就是常见的测量工具，用来测量物体的长度和物体之间的距离。

卷尺以其便携性和灵活性成为工程师和建筑师的常备工具。无论是在家庭装修还是在学校的手工课程中，卷尺都能帮助人们轻松测量各种长度和距离。钢卷尺是最常见的一种卷尺，材质强度高且耐用。还有一种软卷尺，通常由柔软的布料或塑料制成，裁缝用它来测量身体，如腰围、肩宽等数据，它适合测量曲线或软体物品。

标尺精准度高、操作简便，广泛应用于教育和设计领域。数学课上老师在黑板上画图用的长长的直尺就属于标尺，它可以测量较短距离和绘制线段。三角尺也是常见的标尺，有多个不同比例的边。我们在学习中也常常用到直尺和三角尺。

在选择新家具和规划空间布局时，为了确保每一件家具都完美地适应空间，人们通常会使用钢卷尺来测量房间的尺寸、规划家具的大小。去商场购买衣服或定制服装时，店员或裁缝师傅会用软卷尺测量我们的腰围、胸围。在学校，当老师上几何课时，会使用标尺（直尺或者三角尺）来绘制图形，如正方形、长方形、三角形或者一些立体图形，以此来帮助学生们更直观地理解几何概念。

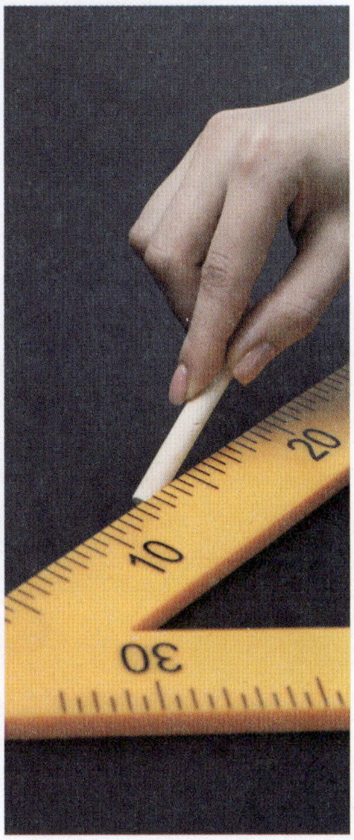

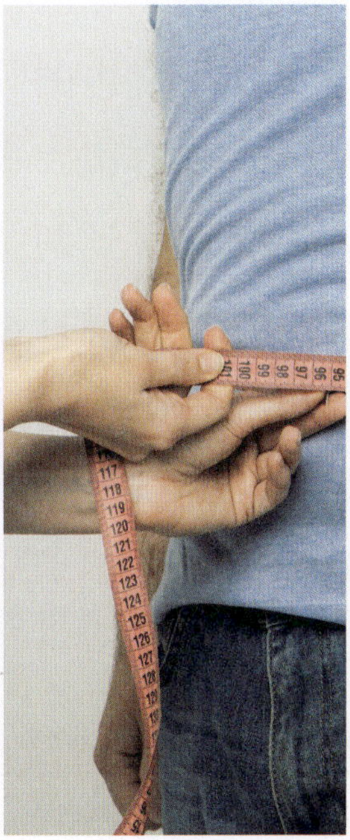

测量质量的工具

电子秤和天平是常见的质量测量工具。电子秤的工作原理基于电子传感器，这些传感器能够检测到秤台发生的微小形变，并将这些形变转换成电信号，电信号随后被电子秤的微处理器解析并转换为质量读数，显示在秤的数字显示屏上。电子秤能够提供快速、准确的质量测量数据，非常适合需要快速读数的应用场景，如超市、厨房。

天平的工作原理是基于力的平衡。天平由一个水平梁和两个托盘组成，被测物体放在左边的托盘上，而标准砝码则放在右边，通过增减砝码和移动游码，直到两边达到平衡。当两边的力相等时，读取标准砝码的质量和游码指示的数值，两者之和就是被测物体的质量。天平精确度更高，需要手动操作和校准，使用起来比电子秤复杂，更适用于实验室和科学研究。

观察工具

探索自然界的奥秘往往需要我们超越肉眼所能见的界限。放大镜和显微镜就是这样的神奇工具，它们使我们能够观察到微小世界的细节。放大镜便于携带，使用方便。手持放大镜是最常见的放大镜类型，可用于阅读小字，观察邮票、昆虫、植物表面等，是自然探索的入门工具。桌面放大镜是带有支架的放大镜，可以固定在工作台上，适合精密工作，如钟表维修、珠宝鉴定等。

显微镜则极大地增强了我们的观察能力，使我们能够看到细胞，甚至更微小的结构，是科学研究中不可或缺的工具。光学显微镜是最常见的显微镜类型，使用透镜放大图像，可以看到微生物、细胞等。不过遇到更小的物质，比如细菌的一些细小部分或病毒，用传统的光学显微镜就无法清晰地观察到，这时候就要用到更加精密的工具——电子显微镜。电子显微镜的放大倍数极高，用于观察病毒、分子的结构。这些观察工具不仅拓展了我们的视野，也加深了我们对生命和物质世界的理解。

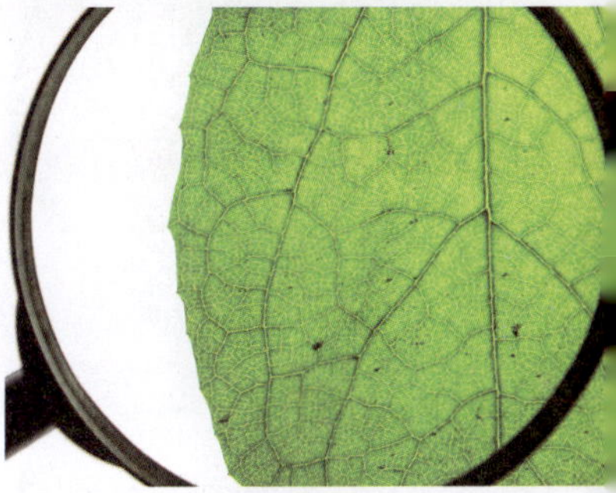
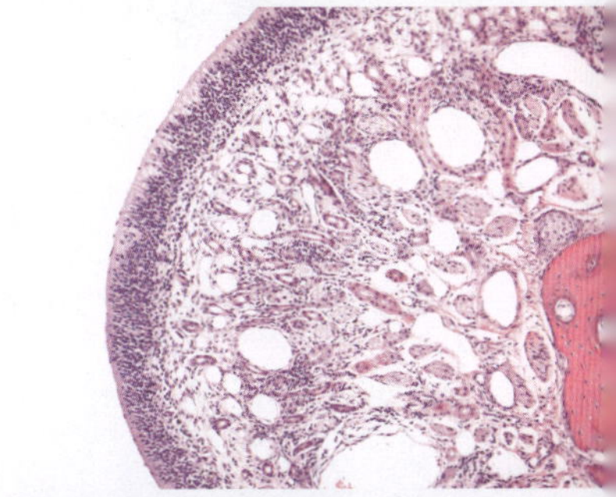
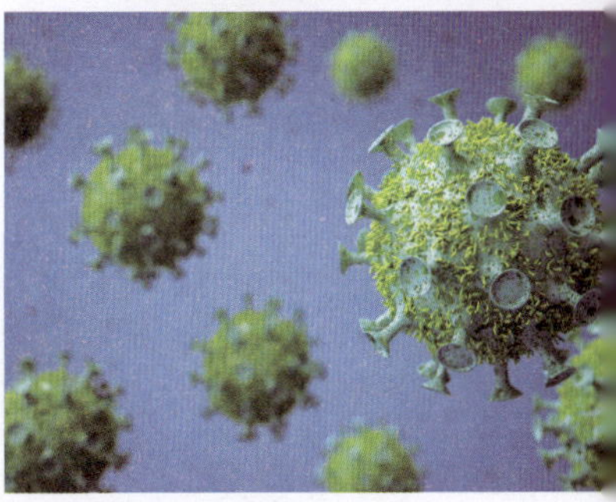

当我们拿起手中的放大镜走进大自然，我们会发现那些平时看似普通的小石头、叶子上竟然隐藏着许多令人惊奇的细节。通过放大镜，一片叶子上的细小脉络变得清晰可见，一块小小的石头上竟然有着复杂的纹路和颜色。更有趣的是，当我们用放大镜仔细观察一只蚂蚁时，不仅能看到它忙碌的身影，还能看到它身上的细节，如腿上的关节、触角的结构，甚至是它背上的微小纹理。

在学校的生物学课上，使用显微镜观察洋葱表皮细胞是一个有趣的实验。我们小心翼翼地将洋葱表皮放在显微镜下，调整焦距，一个全新的世界便展现在大家的眼前：轮廓清晰的细胞壁、含有遗传信息的细胞核，以及充满生命力的细胞质。我们惊讶地发现，每一片洋葱皮都由成千上万个细胞组成。

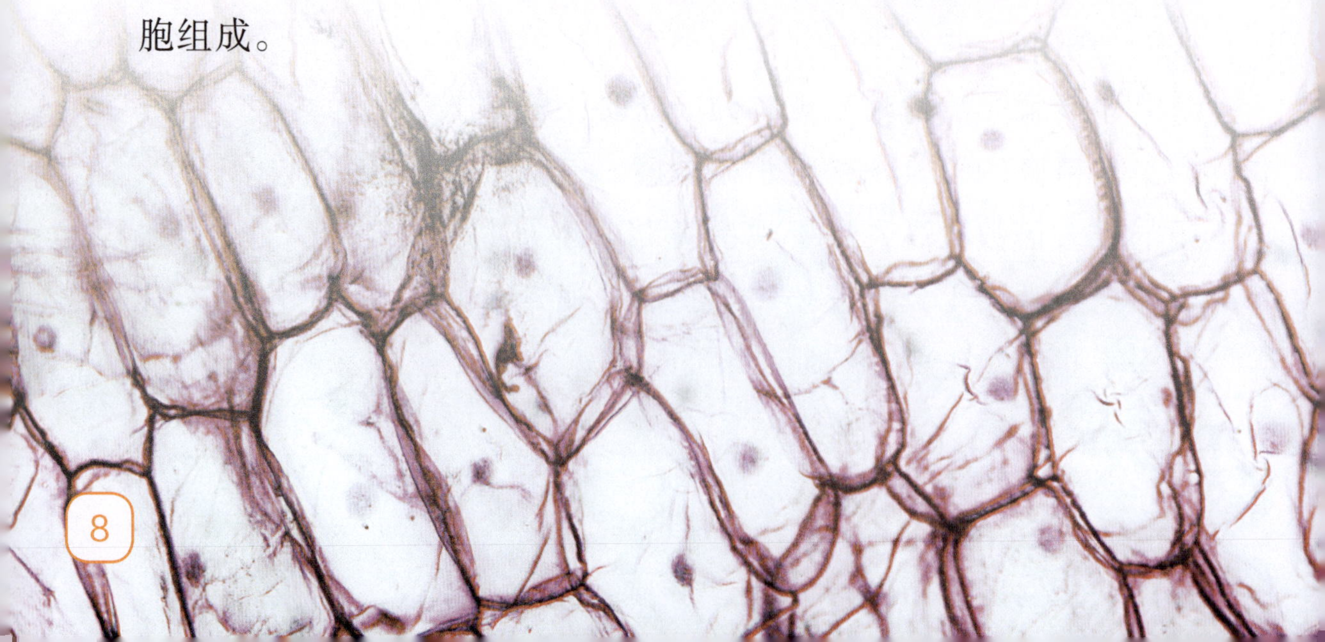

测量体积的工具

体积就是物体所占空间的大小。液体是流动的，如何测量液体的体积呢？这需要使用一种特殊的工具——量筒。量筒是一种专门用于测量液体体积的透明容器，通常由玻璃或塑料制成，形状多为细长的圆柱形。量筒的一侧有清晰的刻度，可以帮助我们准确地读取液体的体积。量筒不但精度高，而且使用起来非常简单。

使用量筒的时候，先将量筒放置在平稳的桌面上，然后慢慢地将液体倒入量筒中。读取的时候，使自己的眼睛平视液面的最低点（液体中间凹陷下去的地方），与量筒上的刻度保持水平，这样就可以准确读取液体的体积。

虽然烧杯通常不被用来精确测量液体的体积，但它在实验室中也扮演着重要的角色。烧杯主要用于混合、加热或盛放液体，它的边缘有便于倾倒的倾斜口。在需要估算而非精确测量液体体积时，烧杯的刻度也能提供一定的参考。

测量重量（力）的工具

重量就是地球这只无形的大手拉着物体的力。当我们用弹簧测力计测量物体的重量时，就像是在看地球“拉”这个物体需要用多大的力。物体越重，地球“拉”得越用力，弹簧测力计中的弹簧就会被拉得越长。弹簧测力计上有很多小刻度，这些刻度帮助我们看清楚弹簧被拉长了多少。通过这些刻度，我们就知道挂在上面的物体重量是多少了。重量是指物体所受的重力，单位是牛顿（N）。

观察一下弹簧测力计，看看它的测量范围，再观察一下它的刻度划分。在图中，弹簧测力计的测量范围是 0 ～ 50N，最小刻度是 1N。我们可以提起弹簧测力计上面的拉环，把要测量的物体挂在下面的钩子上，慢慢放开物体让弹簧测力计把物体完全吊起来，这时候你会发现弹簧测力计的指针往下降，等指针完全停止摆动后，就可以读出这个物体的重量了。

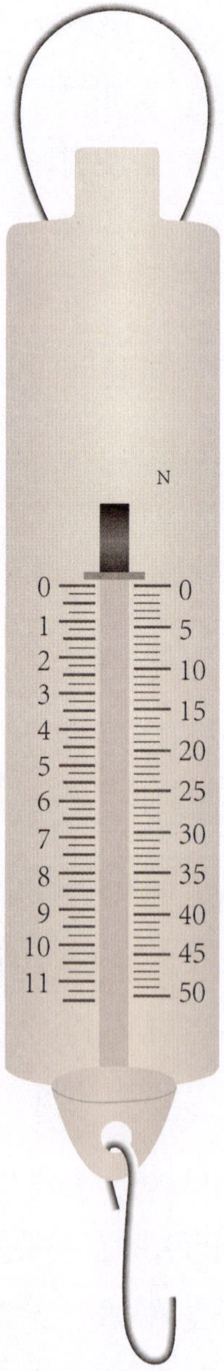

弹簧测力计

但是在物理学中，我们常常使用另一个词：质量。它的含义与重量不同，就是指物体所含物质的多少。物体的质量不会随着位置的变化而变化。而我们前面测量的重量，则是指物体所受到的地球吸引力的大小，它是一种重力，会随着物体所处的位置变化而变化。一个物体在地球上和在月球上，重量不同，而质量不会变。即使在地球上，处在不同地区的物体，质量不变，但重量会发生变化。只是这种变化极其微小，普通的测量仪器，也较难测量出其中的差别。

我们如何辨析这两个概念呢？

我们可以说：“这袋橘子的质量是 3 千克。”

当我们把这袋 3 千克的橘子挂在弹簧测力计的下方时，会发现弹簧测力计的指针指到了“29”多一点的位置，我们可以说：“这袋质量为 3 千克的橘子在地球表面的重量大约是 29 牛顿。”

这时候很多同学都会好奇，“29”这个数字是从哪里来的呢？将来在物理课上学到重力相关知识的时候，你就会明白了。

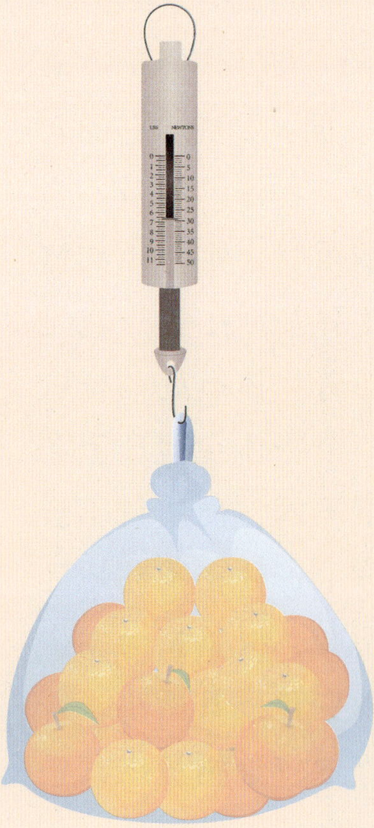

测量温度的工具

温度是表示物体冷热程度的物理量，对于环境监测、科学研究和日常生活都极为重要。温度计是用来测量温度的仪器，从最传统的水银温度计到现代的电子温度计，不同的温度计适用于不同的测量环境和测量需求。

水银温度计是利用水银在不同温度下膨胀或收缩的性质来测量温度的。酒精温度计使用的液体是着色酒精，比水银更安全，适用于低温测量。双金属温度计由两种不同的金属片组成，它们因温度变化而弯曲的程度不同，常用于测量较高的温度。电子温度计则因其快速读数和便利性，成为家庭和工业中的首选。有的温度计可以通过测量物体表面发出的红外辐射来计算其温度，适用于无法直接触摸或远距离测量温度的场合。此外还有光学高温计等，这些测量温度的工具都有各自的使用场景。

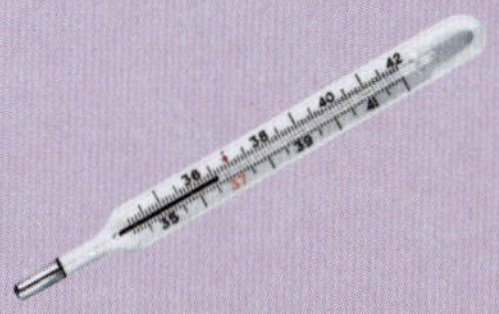
水银温度计

双金属温度计

酒精温度计

光学高温计

在容易感冒的季节，家庭中的水银温度计、电子温度计可以帮助我们快速检测体温，以便及时发现体温异常。在室外测量天气的温度时，酒精温度计比较合适，特别在比较寒冷的地区，人们常用酒精温度计测量冬季的室外温度。在用烤箱烹饪食物时，双金属温度计可以较为准确地测量出烤箱或者食物的温度，保证食物的美味。在科学实验中，精确的温度测量对于控制实验条件和解析实验结果至关重要，温度计的应用确保了实验的准确性和可靠性。

测量湿度的工具

湿度是指空气中水蒸气的含量，对于人们的舒适感、物品的保存乃至气象预报都有着重要的影响。湿度计是用来测量某些物体湿度的仪器。从简单的毛发湿度计到高精度的电子湿度计，不同类型的湿度计应用于家庭、工业、农业和气象等多个领域。

在我国南方的一些地区，梅雨季节的空气中湿度大幅度增加，家庭中的电子湿度计可以帮助我们监控室内湿度，适时使用除湿机可以降低室内湿度，保持人体的舒适感。在博物馆和图书馆，湿度的精确控制对于保护珍贵的文物和书籍不受潮至关重要。在农业领域，湿度的监测可以帮助农民掌握农作物的生长环境，优化灌溉和仓储条件。

词汇

日晷　水钟　沙漏　秒表

电子钟表　卷尺　标尺　电子秤

天平　电子传感器　放大镜

显微镜　量筒　弹簧测力计　重力

湿度

思考

从日晷、水钟到电子钟表的时间测量工具的进化角度，思考时间测量技术的发展如何影响了人类社会的日常生活和科学研究？

图书在版编目（CIP）数据

测量工具 / 邱连根主编 ; 丁昊, 祁陶宇编著. 杭州 : 浙江教育出版社, 2025. 3. -- (向未来 : 科学分级阅读). -- ISBN 978-7-5722-9568-3

Ⅰ. TH761-49

中国国家版本馆 CIP 数据核字第 2025JR3956 号

向未来
XIANG WEILAI

KEXUE FENJI YUEDU

科学分级阅读

4级
SI JI

本级书目

物质科学	电流和电路
	测量工具
生命科学	庞大的昆虫家族
	动物的生存与繁衍
地球科学	解构地球
	珍贵的土壤
工程技术	像工程师那样解决问题
	设计智能灌溉系统

扫一扫，
获取更多资源

向未来
XIANG WEILAI

KEXUE
FENJI YUEDU

科学分级阅读

4级
SI JI

庞大的昆虫家族

邱连根 主编
陈 瑶 编著

浙江教育出版社·杭州

昆虫家族

在我们生活的环境中，有一类生物几乎随处可见。它们身体小巧，大多都能飞，它们会钻木、会伪装、会捕猎，各有所长……在生态系统中，它们发挥着重要的作用，这类生物就是昆虫。

昆虫是六足节肢动物，迄今已知的昆虫有100多万种。昆虫是世界上种类最多的一类生物，地球上几乎任何角落都有它的身影。

昆虫的结构

仔细观察，昆虫有哪些特点呢？

昆虫的身体被防水的外骨骼覆盖，但身体内部无脊椎，因此属于无脊椎动物。同时，昆虫的身体和附肢等都分节，所以是节肢动物的一种。

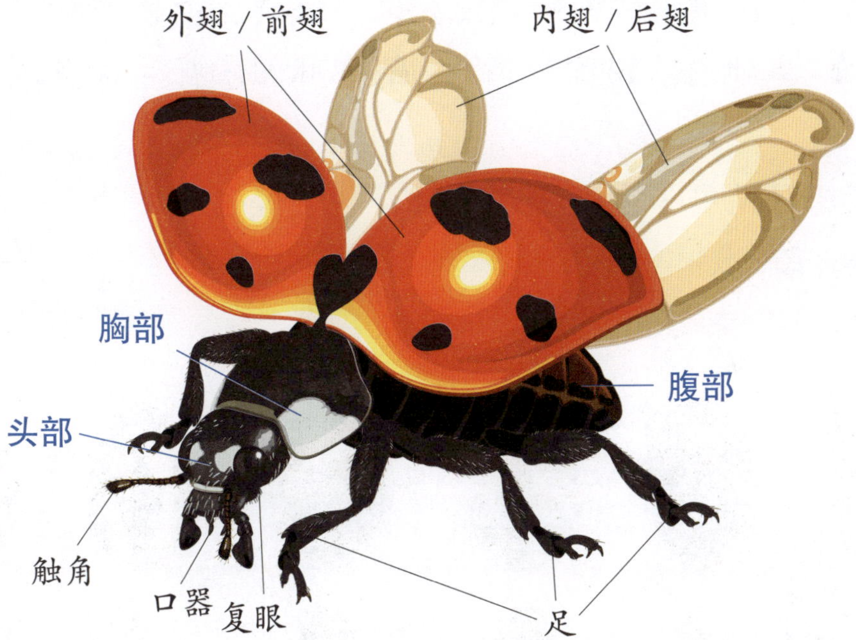

昆虫的身体分为三部分：头部、胸部和腹部。头部长有触角、复眼、单眼或眼点以及口器。胸部有三个体节，每个体节上各有一对足，总共三对足。通常，胸部上方还会有一到两对翅膀。腹部有内脏器官。

认识了昆虫的基本结构，那么，你知道昆虫家族都有哪些常见的成员吗？

昆虫王国四大家族之鞘翅目

昆虫王国有四大家族，种类最多的一类是鞘翅目昆虫。

鞘翅目昆虫，俗称甲虫，是昆虫纲中物种多样性最为丰富的类群。迄今为止，全世界已知鞘翅目昆虫约35万种，占已知昆虫总数的三分之一。

鞘翅目昆虫最大的特点就是体壁坚硬，前翅加厚，故得名鞘翅目。坚硬的前翅称为鞘翅；鞘翅下方还有一对翅膀，称为膜翅。

鞘翅目昆虫为完全变态发育，一生经过卵、幼虫、蛹、成虫4个阶段。

鞘翅目常见成员

双叉犀金龟：俗名独角仙，因雄虫头部有角状突起，状似犀牛角而得名。

瓢虫：一类体型小且身体上常具斑点的甲虫，例如常见的七星瓢虫、二十八星瓢虫等都是瓢虫。

鳃金龟：种类繁多，是非常常见的一类甲虫，因头部触角呈鳃片状而得名。

粪金龟：常被叫作蜣螂，或者屎壳郎，指会推粪球的一类甲虫。

锹甲：甲虫家族的一员，因其头顶长着像锹铲的大颚而得名。

天牛：头顶长着一对像天线一样，超出身体长度的触角。

阳彩臂金龟：中国国家二级保护野生动物。

萤火虫：因尾部会发光而得名，也是一类甲虫。

虽然甲虫可能对植物造成危害，但只要加以利用，甲虫也能够为生态平衡贡献极大的力量。例如，澳大利亚引进牧业之后，家畜粪便泛滥成灾，破坏了草原环境与生态，他们引进了粪金龟后，草原生态系统很快得到了恢复。

昆虫王国四大家族之鳞翅目

鳞翅目为昆虫纲中仅次于鞘翅目的第二个大目，全世界已知约20万种，分布范围非常广。

蝴蝶翅膀鳞片放大图

鳞翅目因其翅膀上密布鳞片而得名，是一个庞大的家族，其中包括美丽的蝴蝶和神秘的蛾子。蝴蝶拥有色彩斑斓、花纹精美的翅膀，宛如身着盛装在花丛中翩翩起舞的仙子。它们在吸食花蜜的同时，还能帮助花朵传播花粉。蛾子虽色彩稍显逊色，但也独具魅力。部分蛾子具有趋光性，会在夜间被灯光吸引。然而，鳞翅目的幼虫们常常危害植物，常取食植物叶片或者钻蛀植物的枝干，化蛹或者作茧时又常常需要卷折叶片。

鳞翅目昆虫的生态意义：作为传粉昆虫中极其重要的成员，鳞翅目昆虫在帮助植物传粉和维持生态平衡中发挥着至关重要的作用。

鳞翅目常见成员

鳞翅目常见成员有两大类：蝶类和蛾类。

蝶类：触角呈棒槌状，休息时翅膀一般收拢后束在背上，常在白天活动，夜间休息。

蛾类：触角常呈羽毛状、丝状或栉齿状，休息时翅膀一般平铺在背上，常在夜间活动且有趋光性。

昆虫王国四大家族之膜翅目

膜翅目昆虫是节肢动物门、昆虫纲中的一类昆虫的统称，包括蜂、蚁类昆虫。

全世界已知的膜翅目昆虫约有12万种，是昆虫纲中的第三大类群，仅次于鞘翅目和鳞翅目。

膜翅目昆虫是昆虫纲中较为古老的完全变态昆虫，广泛分布于世界各地，以热带和亚热带地区种类最多。

膜翅目的名字来自其膜一般的、透明的翅膀。这类昆虫体长和翅展都不大，是昆虫中体型较小的一类。

膜翅目常见成员

常见的膜翅目昆虫有蜜蜂、寄生蜂、大胡蜂、熊蜂、木蜂、蚂蚁等。其中寄生蜂的卵或者幼虫常寄生生活，因此得名。它们也是传粉昆虫中重要的成员，在帮助植物传粉与繁衍中起着重要的作用。

蜜蜂

寄生蜂

大胡蜂

熊蜂

木蜂

蚂蚁

昆虫王国四大家族之双翅目

双翅目是节肢动物门、昆虫纲中的一个大家族，是昆虫纲中仅次于鞘翅目、鳞翅目、膜翅目的第四大类群。全世界已知双翅目昆虫约 11 万种，除南极洲之外，几乎随处可见。

双翅目常见成员

苍蝇

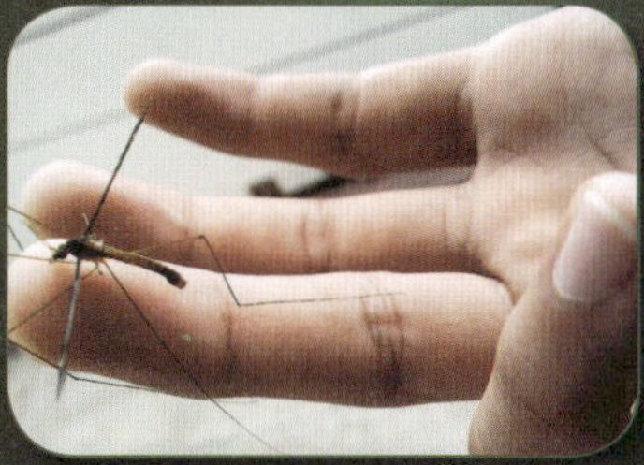
大蚊

蛾蚋

食蚜蝇

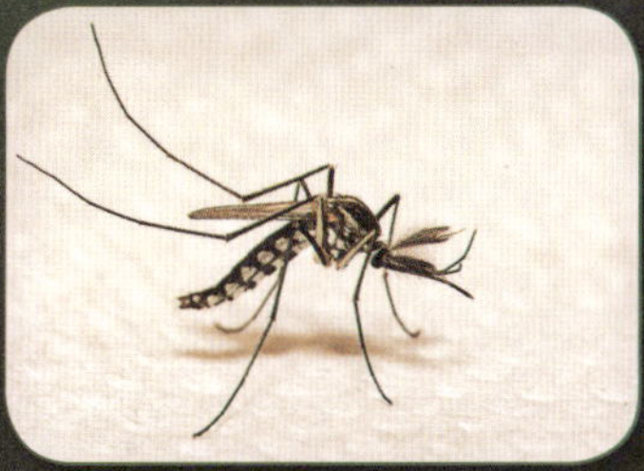
白纹伊蚊

蚊子和苍蝇是昆虫学领域具有一定研究价值的两种昆虫。蚊子，属于双翅目蚊科，在生态系统中扮演着传播疾病的角色，会传播疟疾、登革热等。苍蝇，同样隶属双翅目，但其种类繁多。苍蝇的食性较为复杂，有的喜欢腐败的有机物，有的则偏好花蜜等。苍蝇在分解有机物、促进物质循环方面发挥着一定作用，但它们也可能携带病菌，传播多种疾病。另外，它们还是鸟类和蝙蝠等动物的重要食物。蚊子和苍蝇虽常常被视为害虫，但从生物学角度来看，它们在生态和生物演化过程中都有着各自独特的地位和作用。

昆虫的“火眼金睛”：复眼

为了适应生活环境，昆虫演化出了各种各样的眼睛，数以百计，乃至数以万计的小眼组成复眼，形成昆虫的绝佳视力，犹如“火眼金睛”。复眼中的小眼面一般呈六角形。

单眼

复眼

昆虫的“吸管”：口器

许多昆虫都有自己的专属“吸管”——口器，不同的口器能够帮助它们摄取不同食物或营养。

虹吸式口器：蝶类通常都有可卷曲的口器，这类口器叫作虹吸式口器，可以帮助蝶类进食进水等。一般在使用时可以伸长，不使用时可以盘卷在一起。

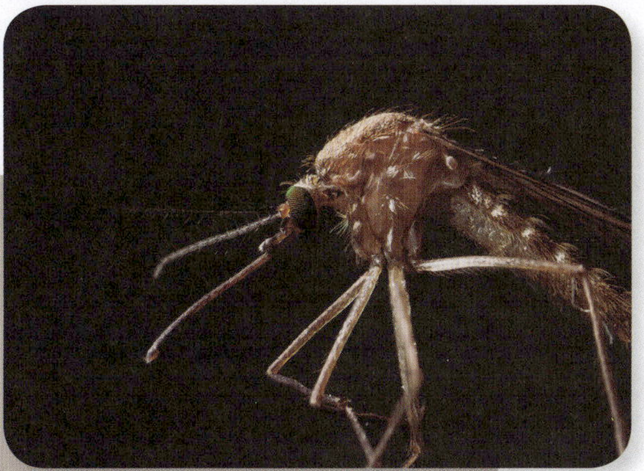

刺吸式口器：蝉、蚊、蝽类等都是刺吸式口器，因其口器跟针管一样，一般可通过刺入寄主组织吸收营养液。

昆虫的“武器”：铠甲和大颚

昆虫界中有这么一类，它们浑身披着“铠甲”——坚硬的外骨骼或鞘翅，这坚硬的外壳不仅能够防水，还能起到保护自身的作用，每一种昆虫还自带各具特色的金属光泽。

头顶长着夹子状或叉状的“武器”——附肢或大颚，可用于摄取食物。很多附肢明显的都是雄性个体，强壮的附肢能帮助它们求偶、防卫和战斗。

昆虫的“隐身服”：拟态

拟态，是昆虫们常常使用的一种自我保护的手段，比如模拟鸟粪，就是很多昆虫钟爱的一种拟态策略。不少凤蝶幼虫就能把鸟粪模仿得惟妙惟肖，还会在图案上加上高光和亮点，让粪便看起来特别逼真。因为鸟类一般都不爱吃其他动物的粪便，因此这些伪装成粪便的昆虫能够幸运地躲过鸟类等天敌的捕食。

另外，很多昆虫会通过模拟枯枝落叶来隐身，以此来保护自己，例如枯叶蝶、竹节虫等。

枯叶蝶：枯叶蝶休息时，双翅会合拢，从侧面看，几乎和枯叶别无二致。而双翅张开时，翅面上其实有着绚丽的色彩。

竹节虫：一般分布在热带及亚热带地区，常常通过模拟树枝来伪装自己。

叶䗛：常分布在热带地区，会通过模拟叶片从而保护自己。

昆虫的“毒气弹”：化学防御

许多昆虫在遇到危险或者受到惊吓时会释放臭气。比如蝽，它们在遇到危险时会通过臭腺释放臭气。这种臭气不仅气味极其难闻，而且短时间内难以消散。因此，蝽也常被大家叫作“臭屁虫”。

蝽

再比如屁步甲，在遇到危险时，屁步甲的尾部会喷射出温度高达100℃的气体，能把人的皮肤灼伤。在夜间观察时，你甚至能看到一股烟从它的尾部冒出来。

屁步甲

昆虫的“购物袋”：携粉足

蜜蜂，是一类非常常见的传粉昆虫，它们采集花粉和花蜜，并酿造蜂蜜，同时也为植物传播花粉。一般来说，蜜蜂采蜜的活动范围大概在离蜂巢5千米，通常情况下，2～3千米的距离就能满足它们的采蜜需求了。对于蜜蜂来说，它们没有“购物袋”，那么，这么远的路程，它们是如何把花粉和花蜜打包带回蜂巢的呢？

答案是，蜜蜂有携粉足！它们就像一个个购物袋一样，蜜蜂会把自己采摘的花粉、花蜜全都打包进去，“购物”完就满载而归，回到蜂巢。

昆虫多样的足

昆虫的足具有多样性，这使得它们能够适应各种不同的生活方式和环境。一些昆虫拥有适合行走的长足——步行足，帮助它们在陆地或植物上移动；而有些昆虫则具有适合游泳的扁平足——游泳足，例如龙虱；还有些昆虫的足演化成了用于跳跃的结构——跳跃足，例如蚱蜢和蝗虫。

此外，昆虫的足还可以用于捕捉猎物（捕捉足）、挖掘洞穴（开掘足）、攀爬以及悬挂等。这种足部的多样性是昆虫在自然界中成功生存和繁衍的关键原因之一。

跳跃足：直翅目的许多昆虫的后足肌肉都特别发达，为其跳跃提供充足的动力。

螽斯

螳螂

捕捉足：螳螂的前足非常发达，且布满钩子，捕食猎物时这对前足就跟刀子一样锋利。

奇趣的昆虫世界
还有哪些有趣的昆虫？

去你家附近的公园找一找，挑选一种你最喜欢的昆虫，制作一份自然笔记记录下来吧！

词汇 

节肢动物　复眼　口器　鞘翅目

鳞翅目　膜翅目　双翅目　附肢　大颚

拟态　传粉昆虫　携粉足

思考

1. 昆虫有哪些共同特征？观察不同昆虫时，应该关注哪些部位？
2. 昆虫在生态系统中扮演着怎样的角色？我们应该如何对待和保护昆虫？
3. 你能举出一些益虫的例子吗？它们对人类有什么影响？

向未来
XIANG WEILAI

KEXUE FENJI YUEDU
科学分级阅读

4级
SI JI

动物的生存与繁衍

邱连根 主编
陈　瑶 编著

浙江教育出版社·杭州

复杂的动物世界

在错综复杂的动物世界中，充满了形形色色的复杂关系和独特行为。

如图展示的是动植物之间的一种食物关系网。但是，由于动物食性的差异，自然界中真实的食物关系网往往比图中描述的要复杂得多。

也正是因为如此复杂的关系网，动物之间既是竞争、捕食的关系，也是相互依存的关系。一旦某个物种大规模地增加或者减少，都会造成生态的失衡。

在动物们复杂的关系网中，动物们赖以生存的手段有哪些呢？

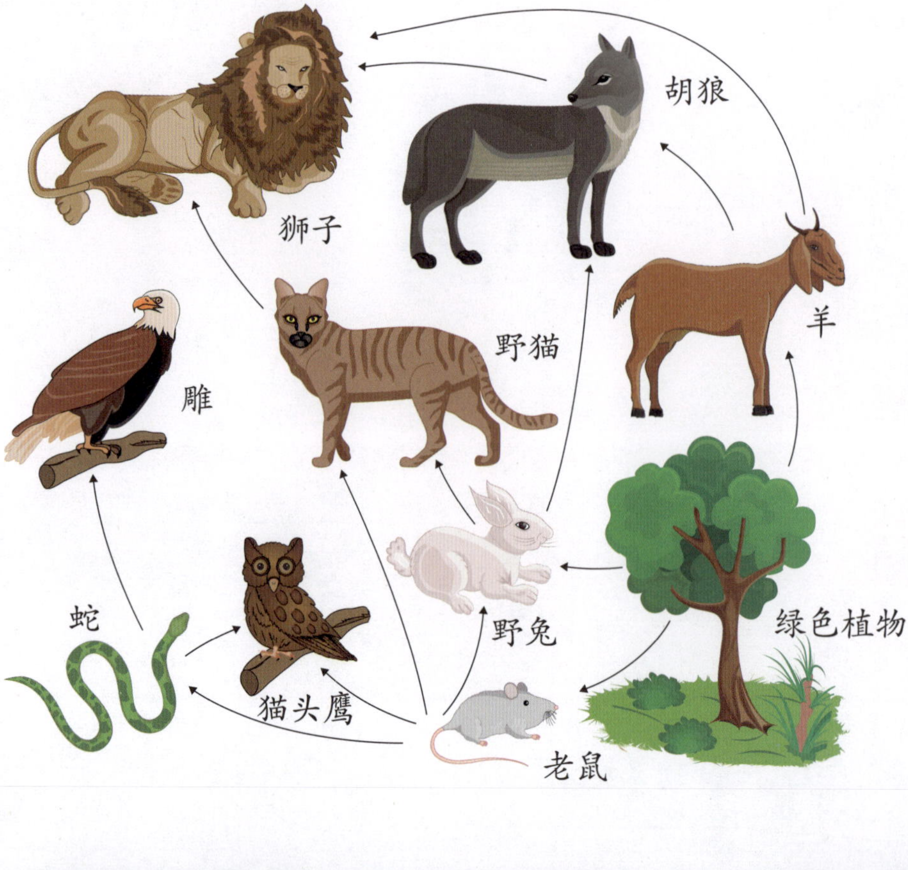

为了延续家族，不同动物家族的成员会采取不同的生存策略。

为了生存，甲虫通过伪装来躲避天敌，青蛙通过冬眠来度过寒冬，壁虎则通过断尾来求生……

为了繁衍，雄鸟换上色彩斑斓的羽毛，翩翩起舞引起雌鸟的关注；猛兽以力量的比拼来一决胜负；螳螂会送“礼物”来赢得异性的芳心……

在复杂多变的环境之中，动物们有着各自生存的智慧。正是它们的聪明才智，才让地球上呈现出如此丰富多彩的样貌！

动物的取食

“民以食为天”。对于动物来说，也是如此，吃饭补充营养，是所有动物生存需要考虑的第一要事。在动物界，动物们的食性多样，有植食性（以草等植物为食）、肉食性（以肉类为食）和杂食性（既吃植物性食物，也吃动物性食物）。

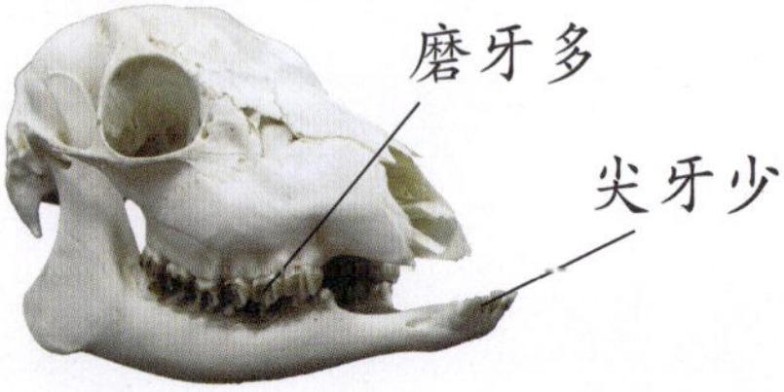

植食性动物很大的特点就是食量大且消耗快，有一个很明显的特征就是它们的牙齿以磨牙居多，主要用来咀嚼和磨碎植物。

肉食性动物很明显的特征就是凶猛，有着强健的肢体或者尖利的獠牙，例如蜘蛛的螯肢，老虎锋利的犬齿等。

动物的合作

动物之间相互依存，相互影响，因此许多动物之间有着良好的合作关系。它们会通过一些友好的行为，比如相互梳理毛发等来表达善意。

在蚜虫、蚂蚁、瓢虫三种昆虫身上，还存在着很有趣的关系。我们会看到植物上爬满了蚜虫，同时还有蚂蚁在它们周围活动。蚂蚁总是围着蚜虫转，却从不去吃蚜虫，蚂蚁简直像蚜虫的保镖一样！其实蚜虫和蚂蚁之间，是“互惠互利”的关系！蚜虫为蚂蚁提供蜜露，这些蜜露对蚂蚁来说是很好的甜点！为了蜜露，蚂蚁保护蚜虫免遭其天敌七星瓢虫的捕食，一旦瓢虫靠近，蚂蚁便会“抗议”并将之驱逐。

动物的竞争

当然，动物们不仅会合作，更多的时候，它们之间会发生各种竞争。

众多动物都有着极为强烈的领地意识，它们甚至会为了争夺领地而“大打出手”。因为有了领地，它们才能够生存下去并顺利地繁育后代。因此，动物们在选择自己的领地时都会格外谨慎。

那么，动物们挑选的领地应当具备哪些条件呢？首先，就是需要有可供栖息、躲避天敌或者避免同类竞争的安全之处；其次，还需要在附近能够寻找到食物和水源。

领地对于许多动物来说都十分重要。比如狮子、老虎、狼等大型肉食动物，它们需要广阔的领地来获取足够的食物资源。

还有鸟类，像老鹰、喜鹊等，需要一定的领地来筑巢和觅食。另外，像一些小型哺乳动物，如松鼠、狐狸等，也需要领地来保障自身的生存和繁衍。昆虫中的蜜蜂、蚂蚁等，也有自己明确的领地范围，以维护群体的正常生活和繁衍。

动物的求偶

光争夺领地还不够，为了延续下一代，动物之间还会为了争夺配偶展开激烈的争斗。

求偶，是动物界几乎所有动物都会面临的问题。只有求偶成功，它们才能顺利地繁育下一代。

因此，动物的求偶过程，也是“花样百出”！

有的动物求偶，会通过打架来解决，比如大多数哺乳动物，它们会通过强健的四肢或者躯干来直接进行力量的对抗。有些动物演化出了雄性独有的角或者附属器官，例如鹿角、昆虫的头部附属器等，这些锋利尖锐的“武器”可以帮助雄性动物在打斗、求偶竞争中获得胜利。最终，只有那些身强力壮的“勇士们”才能获得雌性动物的青睐！

对于鸟类而言，求偶是一场需要盛装出席的活动。因此，雄性鸟类会在繁殖季节来临时换上一身华丽的繁殖羽，或像孔雀一样一袭盛装，或像火烈鸟一样一身炽烈。

而有的鸟类求偶，会通过跳舞、展示身体的独特之处等来进行。比如生活在新几内亚的雄性极乐鸟，它们会用翩翩的舞姿来吸引雌鸟。还有优雅的火烈鸟，它们会相互跳着华丽的“弗拉明戈舞蹈”，以此来确认彼此的心意，找到心仪的对象。还有像华丽的军舰鸟一样，雄性军舰鸟具有鲜红色喉囊，求偶时充气膨大如球形。为了获得满意的对象，动物们会使尽浑身解数！

还有的动物会通过“送礼”来求偶。“送礼”界最有名的应该就是螳螂了：雄螳螂需要冒着被雌螳螂吃掉的危险进行求偶行动！

在南极生活的阿德利企鹅，它们也会通过“送礼”来求偶，不同的是，它们送的不是吃的，而是形状各异的石头。雄性企鹅会收集漂亮的石头送给雌性企鹅以求得对方的青睐。

蜘蛛求偶“送礼”是一种常见的蜘蛛繁殖行为。以盗蛛为例，雄蜘蛛在求偶时会送给雌蜘蛛一个用蛛丝包裹的食物作为“礼物”。如果雌蜘蛛接受了“礼物”，它会检查“包裹”，然后雄蜘蛛会跳上雌蜘蛛的背进行交配。但是如果雄蜘蛛在送出礼物之前自己先饿了，它们则会偷偷吸取汁液只留下“礼物”的空壳送给雌蜘蛛。极容易被外表所迷惑的雌蜘蛛或许一开始会接受雄蜘蛛的求偶请求，一旦发现自己被骗，雄蜘蛛就得遭遇被拒绝的命运了。

动物的繁育

求偶成功后的动物们，马上就面临着养育宝宝的重任了。

动物们为了繁育下一代也是不辞辛苦，最典型的就是鸟类筑巢。

根据生活环境和繁殖要求，不同类型的鸟类会选择不同的筑巢地点，如树顶、水边、树洞等，以保护幼鸟免受天敌的威胁。在整个繁殖期，大部分鸟类父母会悉心照顾幼鸟，直到幼鸟长成成鸟。

但也存在一些“懒惰”的父母，比如最为人熟知的是某些杜鹃。它们会把自己的蛋产在其他鸟类的巢中，同时会将其他鸟的蛋挪走一个或者多个。这也是为了避免被其他鸟察觉自己的蛋被暗中替换，进而使得其他鸟“心甘情愿”地帮它们养育幼雏。杜鹃幼雏也会将同巢的寄主的蛋和幼雏推出巢外。成语“鸠占鹊巢”讲的就是这种情况。

而生活在寒冷地区的企鹅，也有自己独特的方式来养育宝宝。为了抵御严寒，企鹅父母不但会为幼崽们筑起挡风的围墙，还会轮流执勤去取食，精心喂养小企鹅。

动物们不仅要在幼崽小的时候保护它们，给予它们食物，还需要教会它们许多生存必备的技能。

比如，生活在北美森林中的棕熊，在三文鱼洄游的季节，棕熊妈妈会带着幼崽学习捕食三文鱼的技巧，而且这是小棕熊的必修课。再比如座头鲸，座头鲸以长距离迁徙闻名，是已知哺乳动物中迁徙距离最长的物种。它们每年都会到固定的海域进行觅食和繁殖。鲸鱼为了保护幼鲸，会在迁徙途中一直陪伴幼鲸成长。

有袋类是哺乳动物中重要的一类，这一类动物都是“早产儿”。因为“早产儿”很难直接适应外部环境，所以有袋类动物的妈妈们通常都有一个育儿袋来哺育幼崽，有袋类动物也因此得名。现今存活的有育儿袋的动物，如袋鼠、负鼠和考拉都属于有袋类动物。

还有很多爸爸带娃的例子。其中海马爸爸便是其中的一位“模范爸爸”。雄性海马具有一个特殊的结构——育儿囊。这个育儿囊位于雄性海马的体侧腹壁，由大量的褶皱组成，形成了适合孵化小海马的育儿袋。受精卵会在育儿囊中孵化，整个过程需要 50 ～ 60 天。

动物的伪装

为了捕猎、躲避天敌，动物还会使用各种各样的手段来隐藏和保护自己在自然界中不被轻易发现。

它们可以像变色龙一样根据环境的颜色来变换皮肤的色彩，达到与环境的完美融合。

它们可以通过模拟生活环境中的主要色彩来隐身，同时，还会通过伪装成树枝、叶子或者粪便等来自保。当然了，假死也是动物们常用的自保手段。总之，任何能够帮助它们避免被天敌发现或引起猎物注意的伪装技巧，它们都会使用。为了生存，动物们可谓是煞费苦心！

在复杂多变的环境中，动物们展现出了惊人的智慧。无论是取食、合作、竞争、求偶、繁育后代等各个方面，每一种动物都有自己独特的生存与繁衍的智慧。在大自然中，还有很多有意思的现象等待你去发现！

词汇 

食物关系网　食性　植食性　肉食性

杂食性　领地　求偶　繁殖羽　喉囊

繁育　有袋类　育儿囊

思考

1. 动物与其他动物间的关系是怎样的？
2. 为了生存，动物都采取了哪些方法保护自己？
3. 动物生存、繁衍的智慧给我们哪些启示？

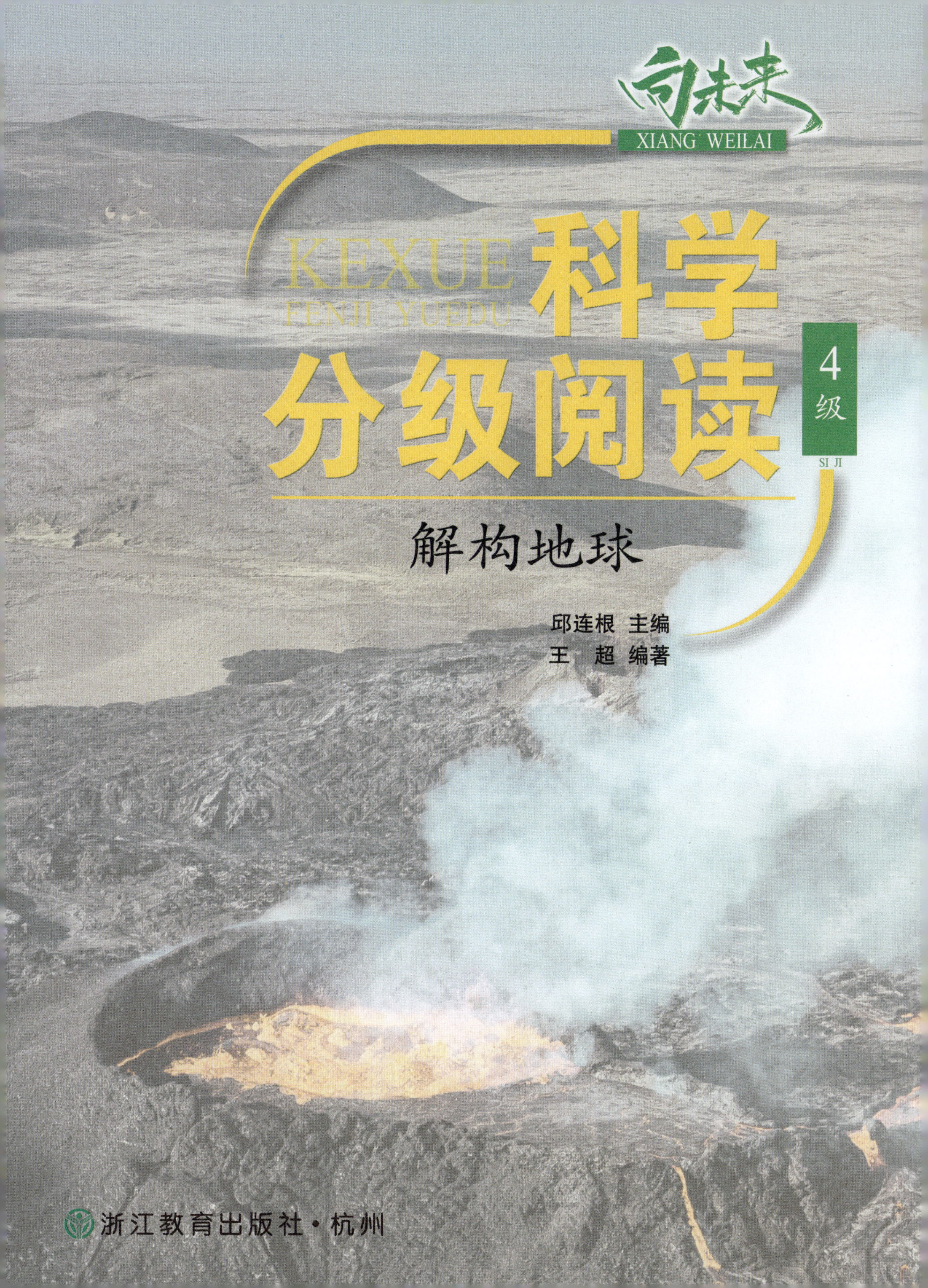

向未来
XIANG WEILAI

KEXUE
FENJI YUEDU

科学分级阅读

4级
SI JI

解构地球

邱连根 主编
王 超 编著

浙江教育出版社 · 杭州

在宇宙的宏伟交响乐中，地球是一段引人入胜的乐章。你是否想过，为什么地球上的大陆和海洋会呈现如此独特的分布？地球内部藏着什么样的奥秘？让我们一起去解构地球不同圈层的奥秘，探索这颗充满奇迹的蓝色星球。

地球的内部圈层

我们早餐经常会吃煮鸡蛋。吃鸡蛋前，我们需要先敲碎蛋壳，再把蛋壳轻轻剥掉。如果把去壳的鸡蛋切成两半，这时你会看到白色的蛋白中间还包裹着一个黄色的蛋黄。

地球的内部结构就像一个煮熟的鸡蛋。

你知道吗？地球的内部结构跟煮熟的鸡蛋差不多，也可以分成三层。地球的三层从外到内分别叫作地壳、地幔和地核。

地球的内部圈层是怎么形成的呢？科学家认为，地球在大约46亿年前形成时，还是一个被液态岩浆覆盖的炽热球体。后来，岩浆中密度较大的物质慢慢下沉到这个液态地球的中心。这个过程就像你在水里扔一块小石头，小石头会慢慢下沉到水底一样。

与此同时，岩浆中密度较小的物质慢慢上升到地球表面。随着地球逐渐冷却，表面的岩浆变成了坚硬的固体地壳。最终，这层地壳会像鸡蛋壳一样破裂成碎片，于是地球表面就出现了不同的大陆和大洋。

地　核

地球的核心叫作地核，它由两部分组成：内核和外核。目前，科学家对地核的了解还比较有限，并且对地核的物质构成也存在不少争议。许多科学家认为，内核主要是由高温状态的固态铁镍合金组成的，是一个实心的球体。外核主要由液态铁镍合金组成。

如果你想开启一段地心之旅，这可能不太容易。第一个难题是到达地心的路程非常遥远。从人类所在的地表到地心，平均距离超过 6000 千米。这个距离比从我国最北端的漠河，到最南端南海的曾母暗沙（约 5500 千米）还要远。

第二个难题是地核的体积非常大，地核的直径约为7000千米，这差不多是火星的直径大小。第三个难题是地核的温度非常高，可以达到5500℃～6000℃，这个温度比厨房里烤箱的最高温度还要高差不多25倍！你可能会好奇，为什么地核温度如此之高，内核却没有像外核一样融化成液态？原因也就是第四个难题，地球内核承受了来自其他圈层的巨大压力。如果你在地心，你的身体将承受比现在多300万倍的压力。

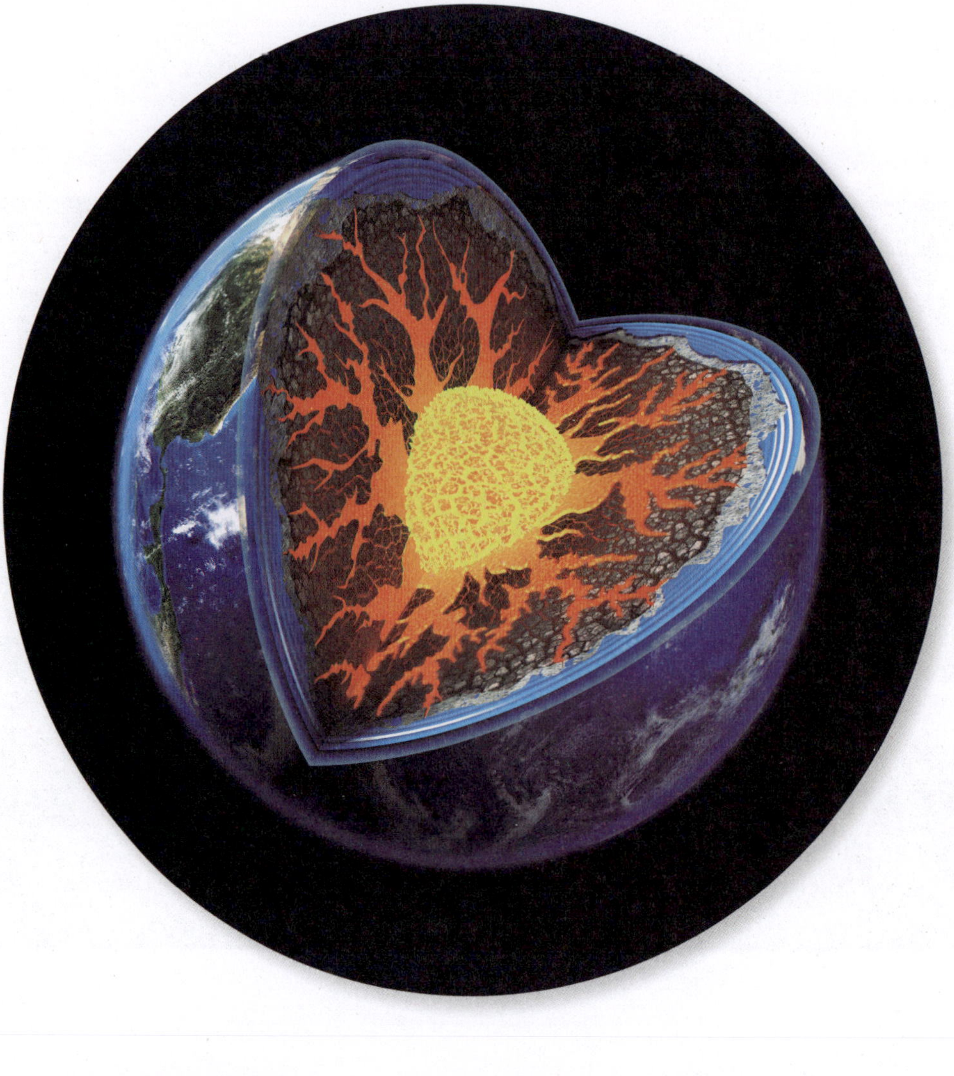

地　幔

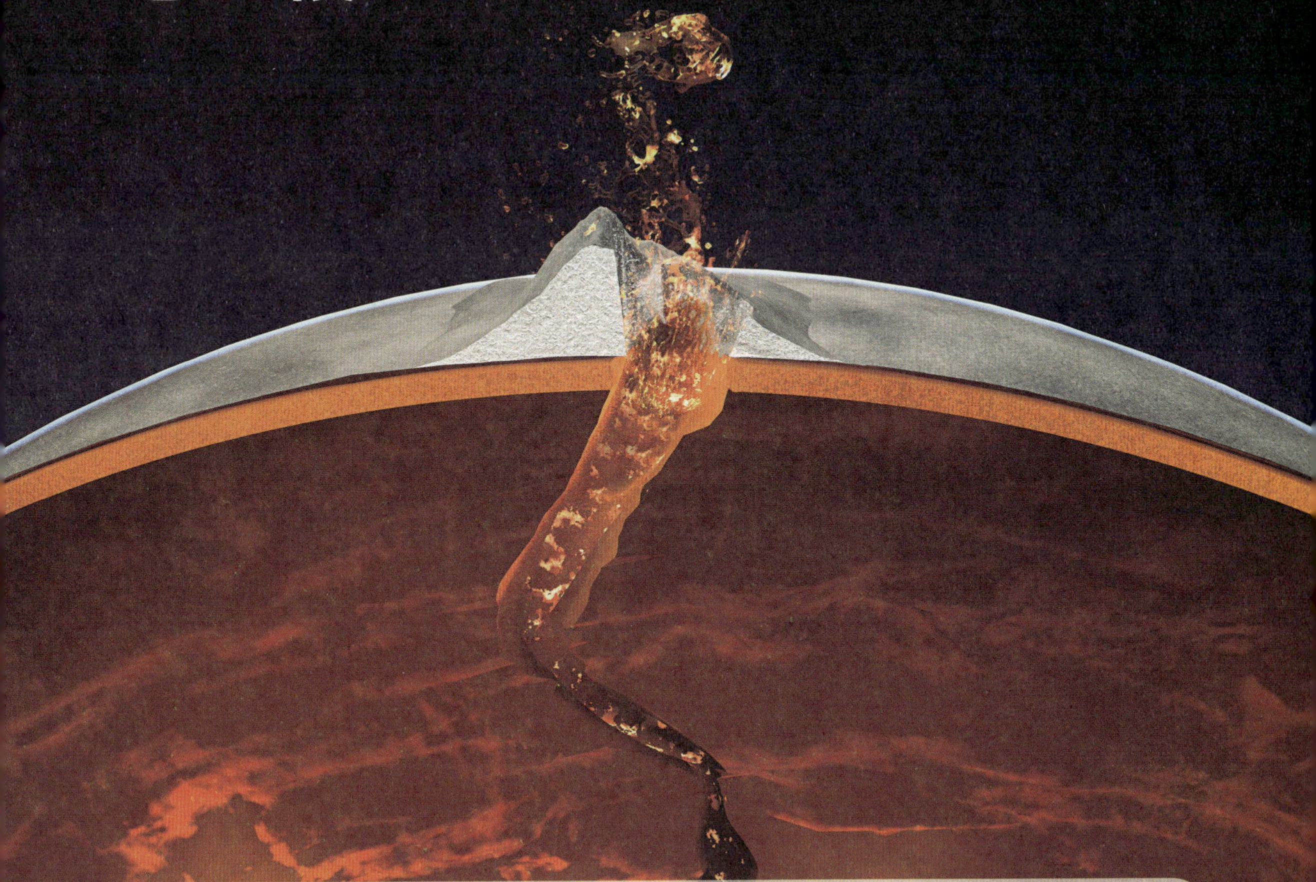

地核和地壳之间的部分叫作地幔。地幔厚度大约有 2900 千米，是地球三个内部圈层中体积和质量占比最大的一个。地幔的体积约占地球总体积的 82.26%，质量约占地球总质量的 67%。这意味着地幔中的物质很大程度上决定了地球的物质构成。科学家研究发现，地幔主要由硅酸盐矿物构成，包括橄榄石、辉石等。这些矿物在高温、高压的条件下呈现半流体状态。你见过粉刷用的腻子吗？它可以拉伸、折叠、流动而不会断裂，具有很强的可塑性。地幔中的岩石就像粉刷用的腻子一样。

地幔虽然没有地核那么热，但它的温度与地表相比，仍然很高。地幔的温度范围从顶部的约1200℃到底部的约2000℃。有些科学家认为，正是这种温度差异，导致了地幔中的对流现象。地幔中的对流过程是这样的：在地幔深处，温度高的岩浆液态物质向上涌起；在地幔顶部附近，岩浆向四周分流，若遇到地壳的薄弱处，会冲出地表，形成火山爆发现象，冲出地表的岩浆遇冷后变成固态岩石。在地幔顶部的岩浆因温度降低、密度增大又继续下沉。板块构造学说认为，正是这种热对流现象驱动着地球的板块运动，导致了地球表面出现了各种不同的自然景观。

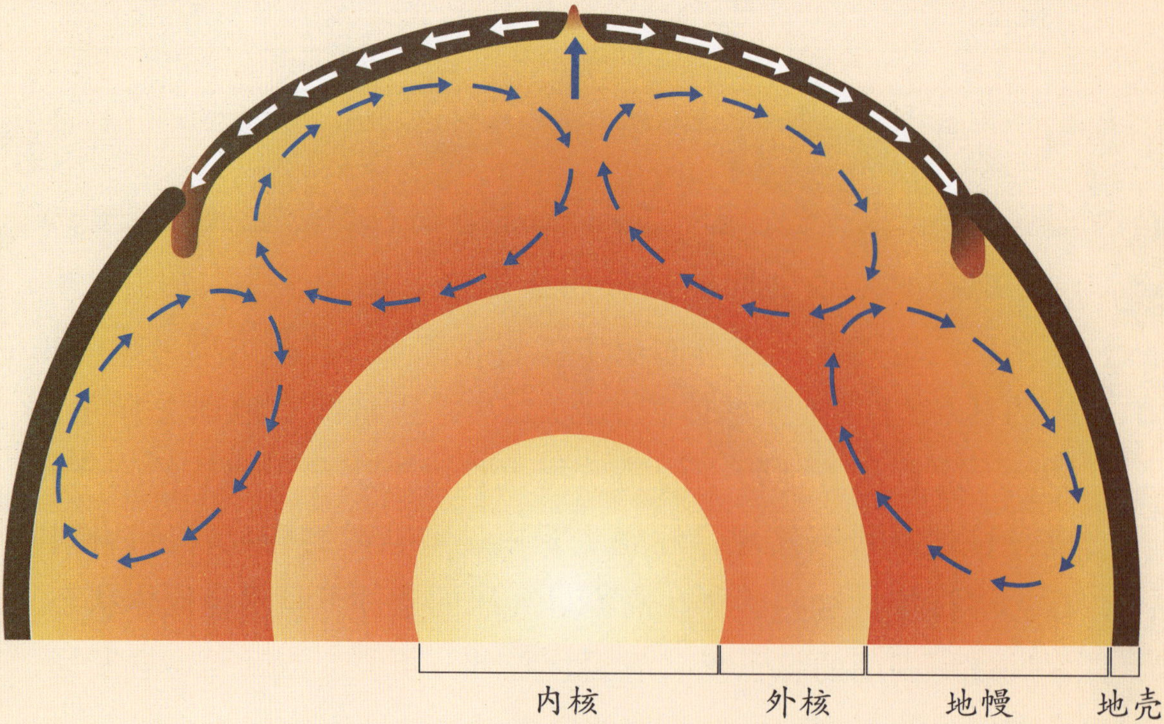

地幔对流

地　壳

地壳是地球内部圈层的最外层，主要由岩石组成。与鸡蛋壳一样，地壳也是又薄又脆。地壳中的岩石可以发生弯曲，甚至断裂。岩石的这些活动，塑造了各种各样的地貌特征，形成了不同的构造形态。山脉、平原、丘陵、断层等丰富多彩的自然景观，就是这样形成的。

地壳可以分为两种：陆地下面的地壳称为大陆地壳，海洋下面的地壳称为海洋地壳。不是所有地壳的厚度都是一样的。海洋地壳比较薄，平均厚度约 7 千米。大陆地壳的厚度变化大，平均厚度约 35 千米。但是在一些特殊的地区，如青藏高原，地壳的厚度可以达到 70 千米。

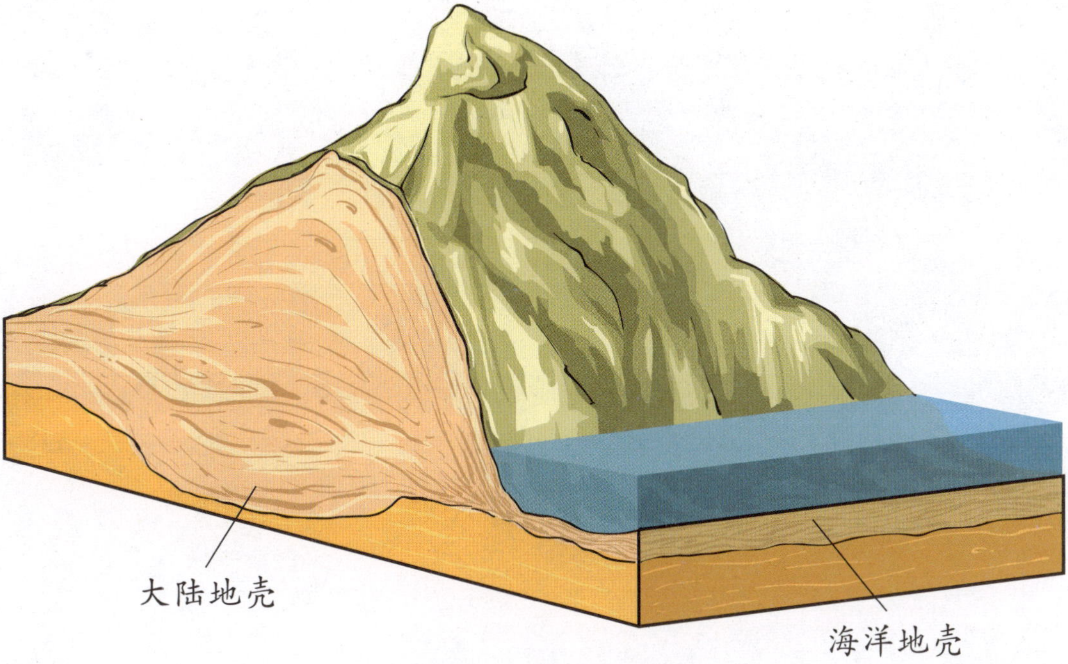

大陆—海洋地壳结构

与地幔和地核相比，地壳的温度是最低的。地壳的最上层就是我们脚下的地表，它的温度和气温差不多，主要由气候和季节变化决定。然而，在地壳深处，温度可达近 1000 ℃，这接近岩石的熔点。

地壳自形成以后，每时每刻都在不停地运动。这导致地球上会发生地震和火山爆发。同时，也改变了地球表面的海陆分布，还造成了千变万化的地貌形态。

我们今天看到的地表景观，与 4 万年前已大相径庭。

地球的外部圈层

地球的内部圈层中，地幔的最上层和地壳一起构成了岩石圈。地球是一个多圈层的系统，地表之外，也可以分成不同的圈层结构，而岩石圈正是地球内部圈层与外部圈层的过渡地区。地球的外部圈层可以分为大气圈、水圈和生物圈。

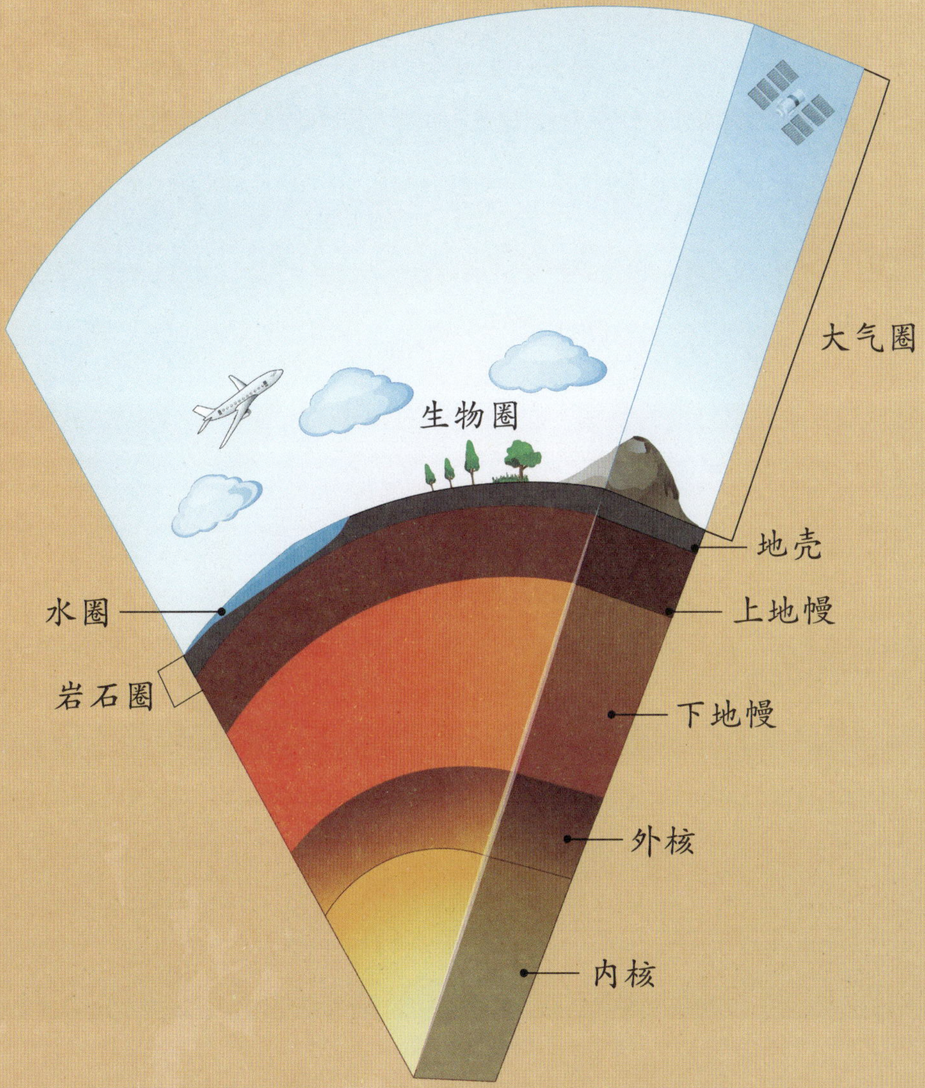

大气圈

地球的原始大气形成于约46亿年前，最初主要由水蒸气、氨、甲烷等组成，后来随着生命的演化，出现了越来越多的植物。植物通过光合作用产生氧气，逐渐使大气中的氧含量增加。经过漫长的历史时期，地球大气的组成发生了巨大的变化，最终形成了现在的大气层。

大气圈是指由于地球的引力作用，在地球周围（距地面约100千米）聚集的一个气体圈层。它是地球外部圈层中的最外层，包围着水圈和生物圈，是地球生命赖以生存的基础。大气圈主要由氮气、氧气、水蒸气、二氧化碳和其他少量的稀有气体组成。

水 圈

水圈是地球上所有水的总称，包括地表、地下及大气中以液态、固态和气态存在的所有水。

水圈中的水，大部分以液态的形式储存在海洋、河流和湖泊中，部分以固态的形式存在于冰川、积雪和冻土中，部分以气态的形式存在于大气中。三者通过水循环不断转化。海洋是水圈中最大的连续水体，约占地球表面积的 70.8%。地球上总水量约为 $1.386 \times 10^9\ km^3$，其中大约 97.5% 是盐水，只有约 2.5% 是淡水。

水是人类生命之源。虽然地球上水的总量不少，但人类可利用的淡水资源十分有限。保护水资源是我们每个人应尽的责任。

生物圈

生物圈包括地球上的所有生物及其生存的地球表层。它的范围包括了约11千米厚度的地壳和约15千米以下的大气层。或者说，在有现存的生物生活的岩石圈上层、大气圈的下层和水圈的大部分，都属于生物圈。

生物圈中的空气、水、阳光、土壤和岩石等为生命活动提供了一切必要的条件，它是人类生存和繁衍的空间，是地球特有的圈层。生物圈是地球上最大的生态系统，具有相对稳定的结构和功能。在这个系统中，各种生物各居其所，彼此休戚与共，共同维系着这宇宙中唯一的生命家园。

大气圈、水圈、生物圈这三个地球的外部圈层交织在一起，形成了地球上丰富多彩的自然景观和五彩斑斓的生命诗篇，共同组成了一个复杂而和谐的自然奇迹。人类与之共生共存，但人类活动在一定程度上会扰动这种自然的平衡，从而导致环境污染、气候变化、生态破坏等问题。因此，尊重自然、保护自然和维护地球圈层的稳定是全人类共同的责任。

词汇

地壳　地幔　地核　岩石圈

大气圈　水圈　生物圈

思考

1. 你能根据文中的叙述，画出地球的内部圈层和外部圈层示意图吗？
2. 人类有没有可能不断向下挖，一直挖到地球的反面，开展一次地心之旅呢？请解释你的理由。
3. 地球的内部圈层与煮鸡蛋有什么异同？

向未来
XIANG WEILAI

KEXUE FENJI YUEDU
科学分级阅读

4级
SI JI

珍贵的土壤

邱连根 主编
苏江明 编著

浙江教育出版社·杭州

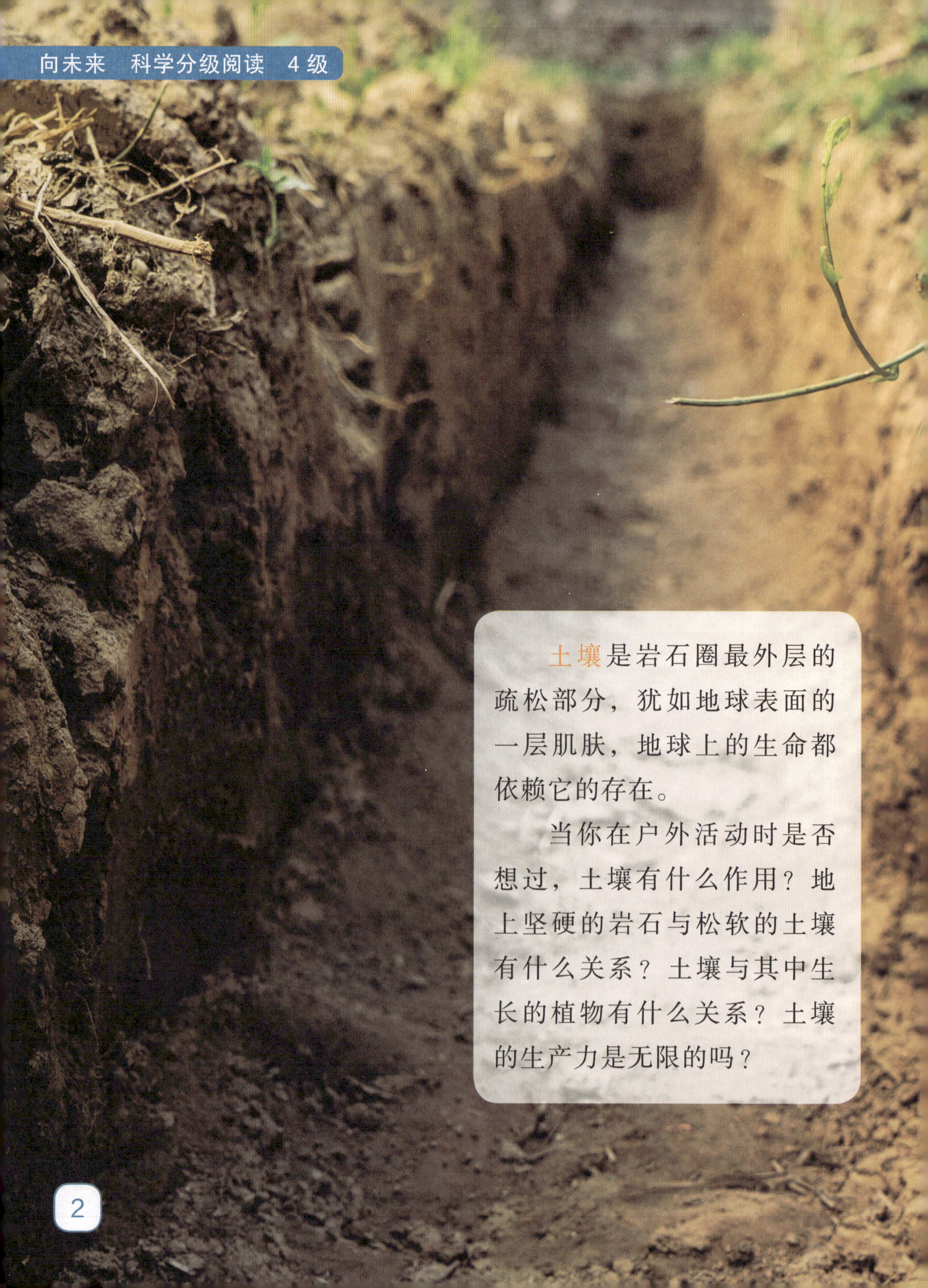

土壤是岩石圈最外层的疏松部分，犹如地球表面的一层肌肤，地球上的生命都依赖它的存在。

当你在户外活动时是否想过，土壤有什么作用？地上坚硬的岩石与松软的土壤有什么关系？土壤与其中生长的植物有什么关系？土壤的生产力是无限的吗？

土壤——无敌的生产力

土壤是万物的基础，是生命之源，孕育着丰收和繁荣。土壤是生态系统中不可或缺的一部分，承载着无限生机和活力。土壤是人类赖以生存的、最重要的自然资源之一，是农业生产的基础，也是人类发展的生命线。

土壤是农业的基石，为植物提供养分和水分，支持着作物的生长，维持着人类的粮食安全。我国古有“有土斯有粮”“一方水土养一方人”之说。中国人历来钟情于土地，民非谷不食，谷非地不生。

中国是一个传统农业大国，农耕文明悠久厚重、影响深远。几千年来，中国人耕种庄稼，艰苦劳作，与土地共生共荣。这个有14亿人口的国家能够蓬勃发展的最大功臣，就是这片土地无敌的生产力。

中国，用仅占世界9%的耕地，养活了世界近五分之一的人口。2024年，全国粮食总产量14130亿斤，连续10年超1.3万亿斤，已成为世界第一大粮食生产国。其实，从有人口记载开始，中国的人口大体上都占世界人口的四分之一左右。养活人口数量如此庞大的中华民族，离不开中国古代农民对土壤的深刻认知，以及对土地的因地制宜和精耕细作。

土壤还有哪些作用

提供养分和水分： 土壤是植物生长所必需的重要养分和水源的储存库。通过土壤中的矿物质、有机质等，植物可以吸收到所需的氮、磷、钾等元素，并借助土壤提供的水分进行光合作用，实现生长和繁殖。

支持植物生长： 土壤为植物的根系提供支撑，同时植物在土壤中生长，根系不断扩展，也为土壤结构的稳定和改良发挥作用。

调节气候和水循环： 土壤具有调节气候和水循环的功能。良好的土壤可以吸收和存储雨水，并通过蒸发和植物蒸腾等作用，参与气候调节过程。

过滤和净化水源： 土壤对水资源的过滤和净化功效尤为重要。土壤可以有效过滤和净化地下水、河流、湖泊等水源，降解其中的污染物质。

碳库： 土壤还承载着大量的有机碳，是全球碳循环的重要组成部分。通过植被生长、死亡和分解过程，有机碳得以储存在土壤中，起到减缓气候变化、稳定大气中二氧化碳浓度的关键作用。

保护生物多样性： 土壤是动植物的栖息地，为它们提供生存和繁衍的场所。土壤中还生活着各种微生物。土壤对保护和提高生物多样性具有重要作用。

土壤从哪里来

在地球形成之初，地球表面是一片炽热的岩浆海洋。当这些岩浆逐渐冷却并凝固后，就形成了坚硬的岩石。

地球表面的岩石，是怎么变成土壤的呢？

从岩石到土壤，是地球一段漫长的演变史。地球上的水、风和生物等因素，对土壤的形成起到了重要的作用。

水的作用

水和冰可以把岩石分解成小块。这个过程叫冰楔作用。

大多数岩石都有小裂缝。下雨时，水会进入这些裂缝，有些水则留在裂缝里。

冬天，裂缝里的水变成了冰。水变成冰后的体积变大，这使得冰挤压裂缝，使裂缝变大。

到了春天，冰融化了。与上一年相比，现在的裂缝更大了。到了冬天，水又变成冰，冰将裂缝撑得更大。石块中的水每年都会重复这样的循环。经过很多年以后，这些裂缝就大到足以使岩石破碎。

风的作用

和水一样，风也会造成岩石的风化和侵蚀。

你去沙漠地区旅游过吗？在这些地方，刮大风的时候你会感觉到沙子刮在脸上犹如刀割。同样，当快速移动的沙粒撞击岩石时，它们会一点一点地把岩石磨碎。日积月累，岩石的形状就会发生变化，这个过程叫作岩石的物理风化。风还会卷起岩石碎屑并将它们带走，从而造成风力侵蚀。当风力减弱时，岩石碎屑就会沉降到新的地方。

生物的作用

生物也会引起岩石风化。

有时，植物的根会长进岩石的裂缝里。不断生长的根迫使裂缝扩大，最终引起岩石崩解。蚯蚓等土壤动物会通过挖掘、搬运等运动加速岩石分解。此外，生物的新陈代谢及其遗体腐烂后的分解过程也会对岩石产生破坏作用。正是在这样日复一日、年复一年的风化、侵蚀等过程作用下，岩石慢慢变成越来越小的疏松碎屑物，最终成为组成土壤的重要物质，我们称之为成土母质。

珍贵的土壤

经过风化作用，岩石变成了碎屑物。随着岩石的不断风化，这些碎屑沉积物越积越深。渐渐地，植物开始生长出来了，植物的根又导致更多的岩石被风化。经过侵蚀作用，岩石的风化物又会被带到新的地方，而动物也可以搬运并混合这些物质。

这些疏松的岩石碎屑物是组成地球土壤的一部分，土壤中还有水、空气和腐殖质。腐殖质主要是由死去动植物的残骸形成的。植物和动物死亡后，细菌和真菌会分解它们的残骸，于是土壤中就产生了腐殖质。腐殖质能为新植物的生长提供营养。就这样，生物年复一年地更新土壤，为土壤提供越来越多的营养物质，从而提升了土壤的肥力。

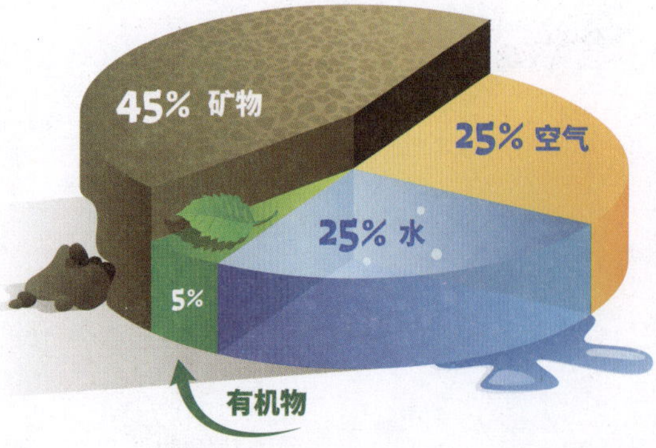

根据科学家推算，即使在没有人为破坏的自然条件下，在基岩上形成1米厚的土壤所需的时间在12000～48000年。因此，土壤形成是以千年、万年，甚至百万年为单位计算的，俗称“千年龟，万年土”。

土壤贫瘠的石林

我们依靠土壤来种植作物。地球表面的土壤层在不同地区厚度差异显著，薄的地方仅有几厘米，而厚的地方则可能达到几米。土壤厚度是土壤的一个重要特性，能直接反映土壤的发育程度，也体现了土壤养分、矿物质等的丰富程度，与土壤肥力密切相关。土壤厚度既可以影响植被生长，也对山体滑坡、土壤侵蚀等具有决定性作用。

肥沃的黑土地

土壤的基本性质

土壤是分层形成的，不同地方的土层，结构可能略有差异。常见的土壤剖面如图所示。

表面的土壤层称为表土层。它富含腐殖质和矿物质，有机质与营养成分含量高。表土层是许多生物的家园。

下一层是底土层。它的颜色较浅，腐殖质较少，通常比表土层更轻、更硬。它有一些从表土层慢慢渗透下来的黏土和矿物质。植物发达的根系有可能向下生长到底土层。

大多数土壤剖面的底部都是基岩。有些土层的基岩层之上、底土层之下还有一层风化的基岩。

构成土壤的岩石和腐殖质在每个地方都不相同，这也是各个地方的土壤剖面看起来各不相同的原因。

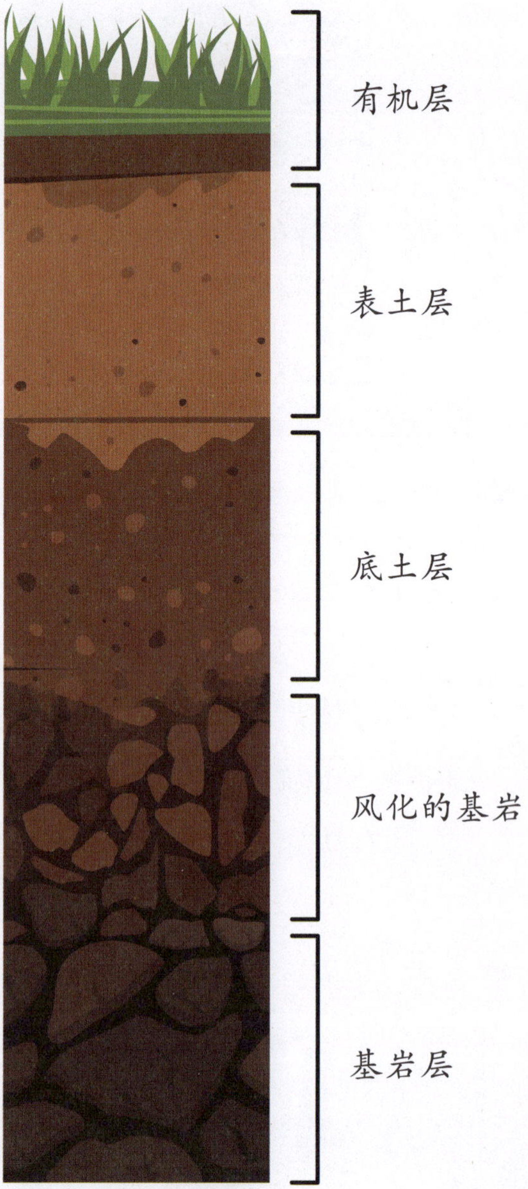

土壤剖面图

世界上任何两个地方的土壤都是不一样的。土壤有不同的颜色、不同的质地和不同类型的矿物成分。土壤按质地可以分为三种类型：砂土、黏土和壤土。

砂土的颗粒较大，通气性良好，孔隙较多，透水性较好，但保水能力较差。砂土中的有机质含量较低，养分含量也较少。因此，砂土适合种植耐旱、耐贫瘠的植物，如仙人掌、多肉植物等。

黏土主要由黏粒组成，颗粒非常细小，孔隙较少，通气性较差，但保水性强。黏土中的有机质含量较高，养分含量也较丰富。因此，黏土适合种植耐湿的植物，如水稻、荷花等。

壤土的颗粒大小适中，孔隙较多，透水性和保水性都较好。因此，壤土是一种理想的土壤类型，大多数植物都适合在壤土中生长。因为它既保水又透气，有助于植物获得所需的水分和氧气，而且壤土中的有机质含量较高，养分含量也较丰富。在这样的土壤中，大多数植物都可以健康生长了！

严峻的土壤安全现状

我们生活在广袤无际的大地上，离不开阳光、空气和水，同样也离不开土壤。因为土壤不仅直接或间接地为我们提供了大部分食物，而且还是地球生命系统的核心。土壤作为碳、水和养分循环中不可或缺的组成部分，保障了各种生物的生存。土壤安全问题对维护生态平衡和人类健康有重要影响。

然而，当前全球的土壤面临严峻的威胁，很多地方的土壤出现了问题。这是因为生态系统的自我调节功能很脆弱且很容易崩溃：深耕会破坏土壤结构，使用刺激性化学品会杀死土壤中重要的微生物群落等。许多土壤因为人类的各种不当操作已经退化。

同时，土壤在城市规划和基础设施建设中也扮演着重要角色。但现在，随着社会的快速发展，由于工业活动、化学品的过度使用和废弃物的不当处理，土壤污染问题日益突出。

世界

土壤日

12月5日

据统计，我国每年有约1200万吨粮食受到土壤重金属污染。土壤污染威胁粮食安全。

据相关统计，目前全球多达15亿人居住并依赖于退化的土地，全球约80%的农业用地、10%～20%的牧场、87%的湿地正遭受严重退化。人类活动造成的土壤退化已对人类造成了严重影响！

虽然土壤是可再生资源，但是在开发利用不合理的情况下，其更新过程就会受阻，导致土壤退化。

土壤无处不在。没有土壤，我们就无法生存，所以请善待你脚下的土地！

词汇

土壤　碳库　冰楔作用　风化　侵蚀

成土母质　腐殖质　表土层　底土层

砂土　黏土　壤土　土壤安全

思考

1. 土壤有哪些作用？
2. 岩石是怎么变成土壤的？
3. 不同类型的土壤有什么区别？

向未来
XIANG WEILAI

KEXUE
FENJI YUEDU

科学分级阅读

4级
SI JI

像工程师那样解决问题

邱连根 主编
潘怡如　谢利斌　应晨怡 编著

浙江教育出版社·杭州

什么是技术

你一定知道，电脑、手机、互联网都是技术。但你知道笔和书包也是技术吗？

技术是人们制造或做的任何能解决问题的东西，包括用来解决问题的任何产品、设计系统、过程和方法等。

技术可以“很大”，如“嫦娥二号”空间站；也可以“很小”，如智能手机中的芯片。技术可以是传统的，如家里的桌子、椅子；也可以是新颖的，如智能眼镜。技术还可以是摸得着的，如电脑；也可以是看不见的，如搜索问题答案的电脑软件。

请你在家里仔细地观察一下，看看自己家有多少技术。

我们生活在技术主宰的世界

现在请你思考一下，你每天所使用的各种物品：早上催你起床的闹钟，上学时乘坐的汽车，学习用的电脑……你会发现，你每天都在使用各种技术。很难想象，如果没有了这些技术，生活会乱成什么样！

技术能够帮助我们解决问题，发明和制造各种有用的物品，满足人们的各种需要，提高人们的工作效率。科学家利用技术，能够做出更多的科学发现；工人借助技术，能够极大地提高生产能力；农民在技术的帮助下，能够种出更多、更优质的庄稼。如果你想在运动会上跑出优异的成绩，你也需要技术——一双优质的跑鞋！

我们现在所处的这个世界，技术无处不在。人类的所有活动，都需要技术的帮助，技术已深刻影响并彻底改变了现代人类工作、生活的方式。

科学家认为，这是一个被技术主宰的世界！

工程师发明技术

主宰我们这个世界的所有技术，都是工程师发明和制造的。工程师是指利用数学、科学知识，运用工程设计过程来解决现实世界问题的人。现实中的问题多种多样。相应地，工程师也分为不同的类别，他们分别解决不同领域的问题。

一般认为，技术包含运输、建筑、制造、能源、通信以及生化六大领域，每个领域又可细分为更多的小领域，工作在这些领域里的，是名目繁多的各种工程师。

例如，建筑工程师，他们设计建造高楼大厦；汽车工程师，他们设计制造汽车；电子工程师，他们设计各种电器设备；还有设计制造飞机的飞机工程师；编写电脑软件的软件工程师；等等。

工程师怎样解决问题

虽然工程师的种类繁多，解决的问题千变万化，但是，所有的工程师在解决问题时，都会遵循相似的流程，这个流程称为设计过程。设计过程是工程师解决问题的一系列有次序的步骤。

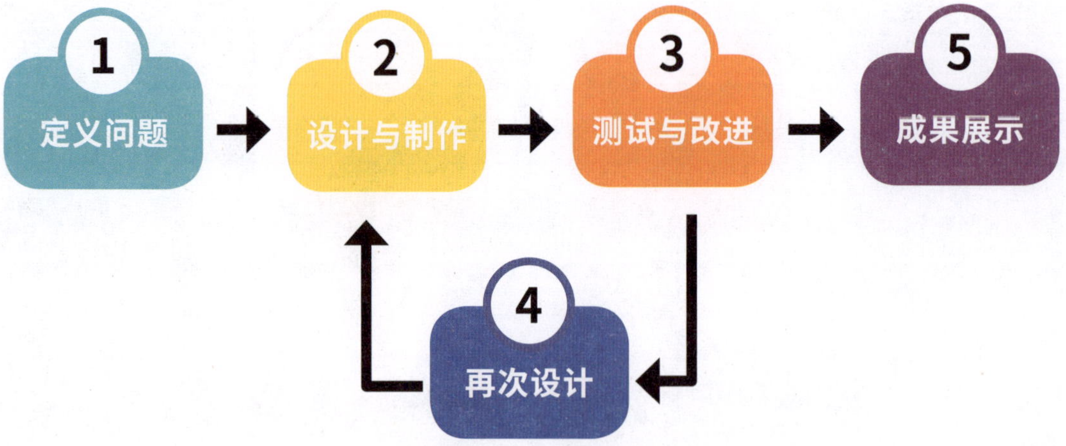

设计过程

在解决具体问题的过程中，工程师还会重复其中的步骤，以优化设计方案，制造出更优质的产品，并降低制造成本。

成为一名工程师

你想成为一名工程师吗？

要想成为一名工程师，从现在起，你就必须认真学习数学和科学。此外，你还需要学习如何像工程师那样，利用设计过程来解决问题。

现在，请你跟随子恒同学和他的团队一起，通过“为小兔子建造一个窝”这个项目活动，来学习如何像工程师那样解决问题。

图片来自杭州市小河小学

像工程师那样解决问题

子恒同学的科学老师刚刚讲授了新的内容：怎样像工程师那样解决问题。随后老师发布了一个招募任务：为领养的兔子——乐乐，建造一个新家！

同时，老师还公布了建造兔笼的要求：笼子的大小要适合不断长大的兔子居住，笼子里需要有盛水的盘子，还要方便照顾者打扫兔子的排泄物。

老师将班级的同学分成了几个小组，请各小组分别提出建造方案。最后将根据笼子的大小是否合适、功能是否符合要求、制作是否美观以及成本是否合理，对方案进行打分，根据四项评分选出最优小组。

为兔子建一个家，你首先会做什么？

定义问题

子恒和几位同学马上组建了一个团队。他们计划按老师讲授的工程设计步骤，来制订建造方案。

按照设计过程，第一步是定义问题。

子恒团队仔细阅读了老师发布的任务，回忆了老师课堂上所教的方法。他们认为，定义问题，就是要弄清楚老师提出的建造笼子的要求，包括笼子大小、装水的盘子以及如何清除兔子的排泄物。他们还认为，价格低廉、材料环保是建造笼子的限制因素。

定义问题：在工程设计中，定义问题是指明确完成项目应满足的需求，应达成的标准以及所要面临的限制条件等方面的过程。

设计与制作

在弄清了建造的标准和限制因素后，队员们进行了讨论，决定先查阅资料，并走访宠物商店进行实地调查，研究实际的兔笼的结构与建造所用的材料。然后，团队成员根据收集的资料，进行头脑风暴，研究建造方案。

他们一致决定，不购买新材料，而是选择使用废旧物品来进行建造。这样不仅可以节约建造成本，还能体现绿色环保的理念。队员们迅速行动，分头去寻找身边不再使用的材料。

设计与制作：设计是指在工程项目开始之前进行的一系列活动，如确定项目的整体方案、流程等。制作则是按照设计方案和图纸进行实际的生产制造或施工工作。

工程师在建造某种物品时也会为了节约材料、保护环境，尽可能地重复利用材料。

队员们找到了许多有用的材料：明明的爸爸有一些木头，可以用于兔窝的结构搭建；楠楠找到了妈妈用剩的棉花，这可以为兔子做软软的床。

同时，队员们结合在宠物店的调查结果和教室角落的空间大小，确定了兔笼需要的空间，并绘制了一幅兔子新家的设计图。

在明明爸爸的帮助下，孩子们测量了木材的尺寸。为了避免浪费，他们在切割之前反复测量，以确保尺寸和设计图相同。在制作其他部分时，他们也是严格按照设计图。孩子们认为，这体现了工程师精神！

在搭建好兔笼的结构后，子恒提议用旧纱布做一个纱窗，并且放入水盆，给兔子营造更好的环境。

图片来自杭州市小河小学

测试与改进

搭建好兔笼后，同学们迫不及待地把食物和水放入乐乐的新家里。

然后，让乐乐进入新家。它在新家里跳来跳去，看得出它很喜欢。但是由于没有屋顶，没过多久，乐乐便直接从窝里跳了出来，还打翻了水盆。

看到这样的情况，同学们觉得需要给兔笼加一个顶盖，以防止乐乐跳出来。同时，还要将水盆固定住，并且改小一点，这样既可以防止水盆被打翻，还可以节约食物和水。

测试与改进：测试可以发现设计中存在的问题和不足。改进则是根据测试结果的分析，对设计方案进行调整，从而更好地解决问题、优化产品性能。

图片来自杭州市小河小学

再次设计

同学们根据前面的测试结果重新绘制了设计图，增加了房顶和固定水盆的装置。按照工程师的步骤再次进行制作。

这次老师把乐乐放进新房子里时，乐乐不会打翻它的食物和水，也不会随意跳出来了。同学们制作成功了！

再次设计：针对测试中出现的问题提出新的解决方案，并再次测试解决方案。

图片来自杭州市小河小学

成果展示

全班同学都很开心。他们为乐乐建造了一个舒适漂亮的家。为了向年级里的其他同学展示这次的活动，在老师的组织下，全班同学召开了发布会，各小组分别展示了为乐乐建造的新家。经过评分，子恒同学的团队被评为最优小组，得到了老师们的赞赏。这也是他们第一次像一名真正的工程师一样解决问题。同学们都觉得收获满满。

图片来自杭州市小河小学

成果展示：将设计成果以直观、清晰的方式呈现给其他人。

词汇

技术　定义问题　限制因素

设计与制作　测试与改进

再次设计　成果展示

思考

1. 什么是工程师，他们是怎么解决问题的？
2. 工程师解决问题时，要遵循的设计过程是什么？
3. 和同学一起组成团队，像工程师那样去解决一个问题。

向未来
XIANG WEILAI

KEXUE
FENJI YUEDU

科学分级阅读

4级
SI JI

设计智能灌溉系统

邱连根 主编
潘怡如 寿冠聪 卢夏萍 编著

浙江教育出版社·杭州

园艺师是指具备园艺科学基本知识与技能，从事花卉和观赏植物栽培、育种、管理以及病虫害防治等工作的专业人员。园艺师的主要工作很多，包括对花圃园林土壤进行耕作、改良；建造、维修、管理温室、花房及其他园艺设施；进行植物育种、良种繁殖；进行播种、育苗、上盆、修剪、嫁接；进行施肥、浇水、除草，以及搭架等田间管理；等等 。

园艺师通常在城市的植物园里工作，为城市居民打造鲜花盛开和绿树成荫的休闲好去处。园艺师也为种植花卉和观赏植物的农民服务，为他们提供相关的技术指导，使花农们提高花卉和观赏植物的产量与质量，增加收入。

近年来，室内绿植受到人们的普遍欢迎。越来越多的单位，开始将花卉和观赏植物引入室内。许多家庭也纷纷利用家里的阳台、墙角，盆栽花卉和观赏植物。

要想为自己建造一个舒适宜人的绿色环境，就要选择合适的花卉和观赏植物，还要学会如何栽种、管理它们，这就需要学习与掌握园艺师所具有的专业知识和技能。

子恒同学就读的学校刚刚搬进了新的校址。这座新建的校园，教室宽敞明亮，校园里绿树成荫、花团锦簇。为了更好地开展科学和劳动教育，学校还特意在教学大楼的楼顶建造了阳光房，作为同学们学习植物知识、开展科学探究与实践的基地。同时，学校还向高年级的班级发布了招标公告：诚邀一个对植物种植与管理有兴趣的班级，负责挑选适合楼顶阳光房内种植的花卉和绿植品种，并主持一年时间的日常管理工作。

子恒所在的班级决定应标。为了完成任务，他们组建了几个团队。在学校园艺师的帮助下，团队成员进行了充分讨论，挑选了一批适合室内栽培的植物品种。由学校向花木公司购买后，移栽到了阳光房内。看到阳光房内盛开的花卉和郁郁葱葱的植物，同学们都非常开心。

定义问题

但是，当同学们过完假期回到学校，兴冲冲地来到阳光房后，他们惊讶地发现，阳光房内竟然有不少植物死亡了！

为什么过了一个假期，阳光房里的一些植物会死亡呢？

作为阳光房绿植管理的负责人，子恒立即组织团队的队员，一起对所有的花卉和绿植进行了调查。他们发现，除了有些植物死亡外，还有一些植物的叶片出现了凋零现象。经向学校老师了解，原来是假期里阳光房无人管理，没有人为植物浇水！

子恒和队员们意识到了自己的问题：他们在放假前没有尽到责任，没有安排人员及时为植物浇水。为了弥补过失，团队成员一致决定，自己动手，为阳光房设计一个能够实现自动浇水的灌溉系统，让植物在无人管理的情况下也有水“喝”。

调查现实世界中的浇水模式

那么，应该怎样设计与建造阳光房植物的灌溉系统呢？

同学们回忆起老师在科学课中所教的工程师解决问题的方法。他们知道，工程师在解决问题时，会遵循一定的程序。首先是要查阅文献资料和实地调查。为此，子恒和队员们进行了分工，部分队员查阅资料，部分队员去实地调查。一周后，团队成员进行了资料交流。

同学们列举了一些真实的浇水系统。他们决定参考这些浇水系统来设计适合学校阳光房的植物灌溉系统。

灌溉渠能把水输送到农田

洒水系统能为农场的大片区域浇水

滴灌系统会让水管里的水慢慢滴到植物的根部

水瓶浇水装置能让水持续渗入泥土

在设计与制作灌溉系统时，同学们还有一个问题需要研究——不同的植物生存所需的水量大小。他们在学习植物生长需要的条件时，知道了有的植物需要的水多，有的植物需要的水少。而且，光照强度和室内空气的湿度也影响植物需要多少水。同学们继续查阅资料，计算出了假期期间这些植株需要多少水。

请你试着查找资料，填一填下面这张不同植物需水记录表。

植物种类	每天需要多少水（L）	假期期间需要多少水（L）
蔷薇花		
绿萝		
蝴蝶兰		
山茶花		
仙人掌		

考虑灌溉系统的标准和限制因素

通过查阅书籍、网络资料等方式，同学们了解了温度、湿度对植物生长的影响，并弄清楚了怎样的环境是最适合植物生长的。接下来，子恒和他的团队准备设计方案。他们模仿工程师解决问题的方式，首先考虑建造灌溉系统应该达到的标准以及限制因素。于是，子恒将团队成员分成了3个小组，各组分别梳理不同的问题。同时，他们还设计了记录表，在表格中列出了设计建造阳光房智能灌溉系统的标准以及需要考虑的限制因素。

阳光房灌溉系统标准和限制因素记录表

设计制作标准	限制因素	解决方案
温度、湿度低于一定数值时自动打开灌溉系统	制造成本	确定阳光房内适宜的温度与湿度，选择性价比高的温度传感器和湿度传感器进行自动控制
浇水量能满足不同植物需求	设备安全性	根据不同植物的需水量，制作不同的出水口，并安装LED指示器，实时显示土壤湿度
……	……	……

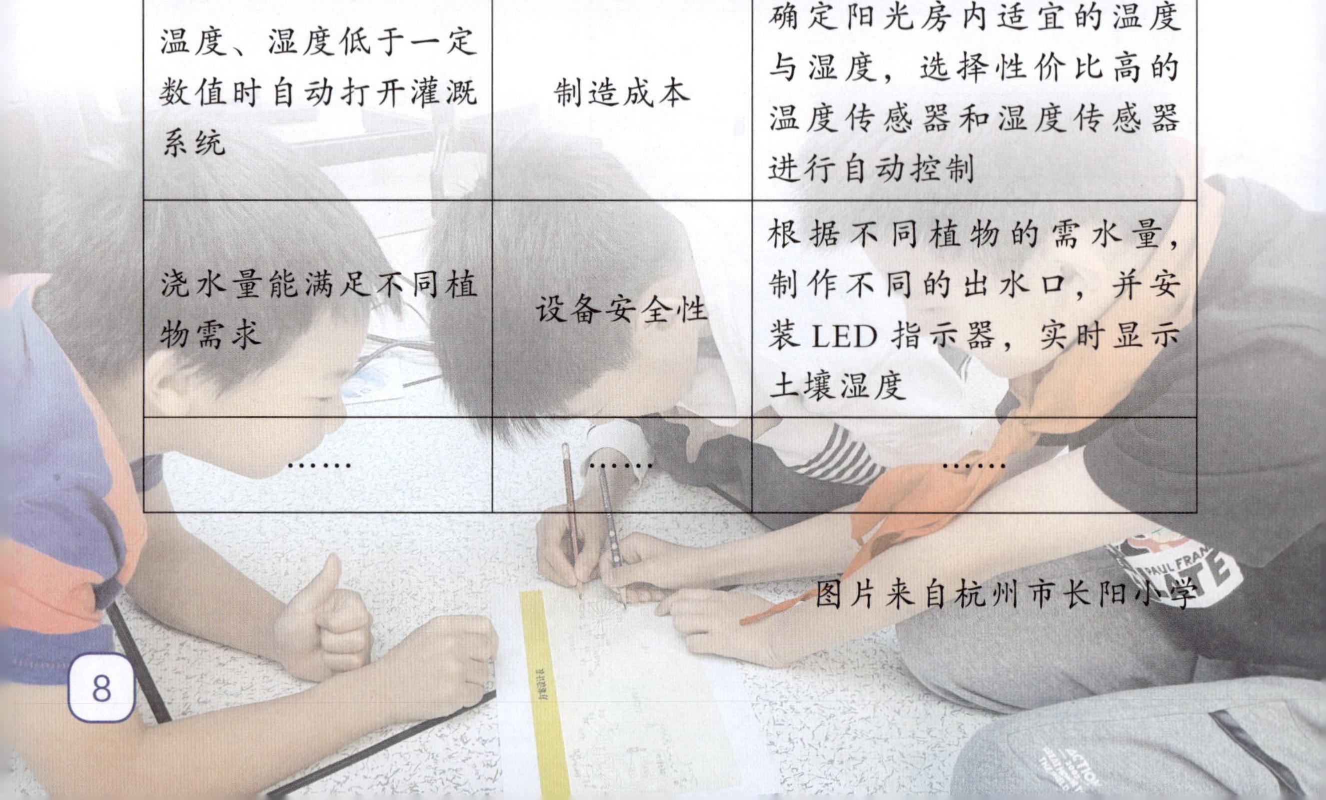

图片来自杭州市长阳小学

接下来，同学们着手设计科学的灌溉系统建造方案。他们展开了一次头脑风暴，还制订了解决问题的步骤。

首先，要考虑以下一些问题：灌溉系统的水从哪里来？怎么才能让水流大小得到有效且合理的控制？还有，在阳光房里，什么样的浇水方式既安全又可行？

接着，团队紧密合作，大家一起想出尽可能多的浇水方法。同时，请一位同学记录成员们提出的所有方案。

最后，大家一起详细地讨论这些方案，分析每种方案的优缺点。通过投票，选出最优的那一个方案。

以上图片来自杭州市北秀小学

比较不同方案

同学们开始研究具体的解决方案。首先，他们列举了给阳光房内植物浇水的可行方案，仔细分析水源、水流控制、安全性和可行性。其次，他们又分析了每种解决方案的标准和可能的限制因素。最后，队员们选择了最优的方案，并把选择的理由记录在笔记本上，以便在和同伴交流时能够描述方案设计的过程和决策的依据。

灌溉系统	标准			限制条件	
	能否持续供水	能否自主控制水的流量	能否工作两周以上	制造成本	设备的安全性
浇水管					
洒水系统					
滴灌					
水瓶浇水					

学习新的知识

同学们发现，他们要设计的灌溉系统，应该能够在无人管理时实现自动灌溉。但是，在如何实现自动灌溉这一目标上，全体成员都一脸茫然。为此，他们向科学老师寻求帮助。老师提示他们，在碰到困难时，可以去查阅资料，学习新的科学知识，并提供了一些相关资料。

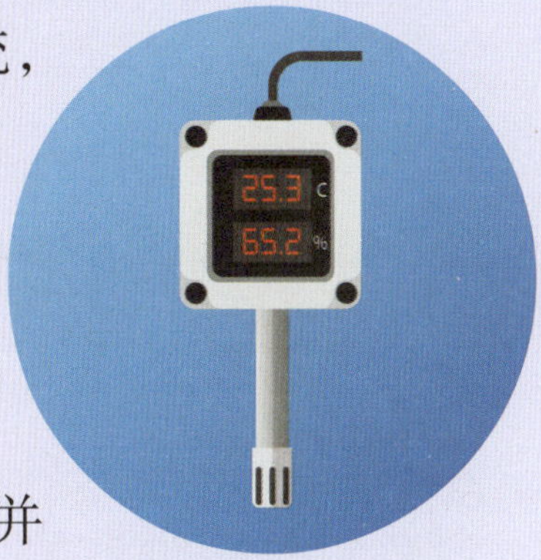

他们通过查阅文献和阅读老师提供的资料，了解到要实现自动灌溉，需要传感器和控制软件。为此，他们不仅学习了温度传感器和湿度传感器的知识，了解了它们对应的控制软件，还学习了如何连接传感器和编写控制程序的知识。

绘制设计图

图片来自杭州市北秀小学

小组成员根据之前的探究结果，选出了一个操作方案。他们请团队中擅长绘图的同学负责绘制设计图，再请负责外观设计的同学对阳光房智能灌溉系统设计图进行修改和美化。

方案设计图

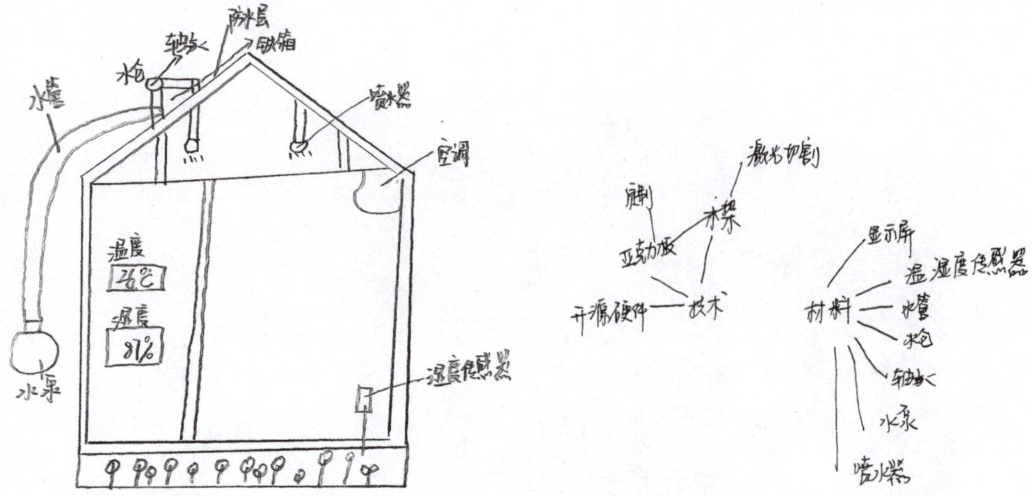

图片来自杭州市长阳小学

组间交流

工程师在解决问题的过程中，他们总会将自己的研究成果和同行们进行交流。子恒团队也像工程师那样，在设计出方案后，与其他组的同学进行了一次交流。不同小组互相分享各自的设计思路和设计方案。通过这种分享交流，各小组相互学习，取长补短，从而进一步优化了各自的方案。

通过组间交流，同学们增强了信心，获得了良好的体验，也激发了小组成员的积极性和动力，大家更加积极地参与到活动中来了！

图片来自杭州市北秀小学

建立模型

完成了设计图纸后，子恒团队根据老师提供的材料，严格按照设计图制作了智能灌溉系统模型。这个模型能为阳光房的植物提供适量的水，保证植物的健康生长。

图片来自杭州市长阳小学

测试模型

模型制作完成后，就进入了测试阶段。同学们在模型中加入了一些植物，看看智能系统能否检测出植物缺水状态，并顺利出水。

在测试的过程中，他们遇到了很多问题：水流得太快，储备的水一会儿就消耗光了；这个灌溉系统只能浇到部分植物，并不能给全部的植物浇水……

同学们将问题一一记录了下来。

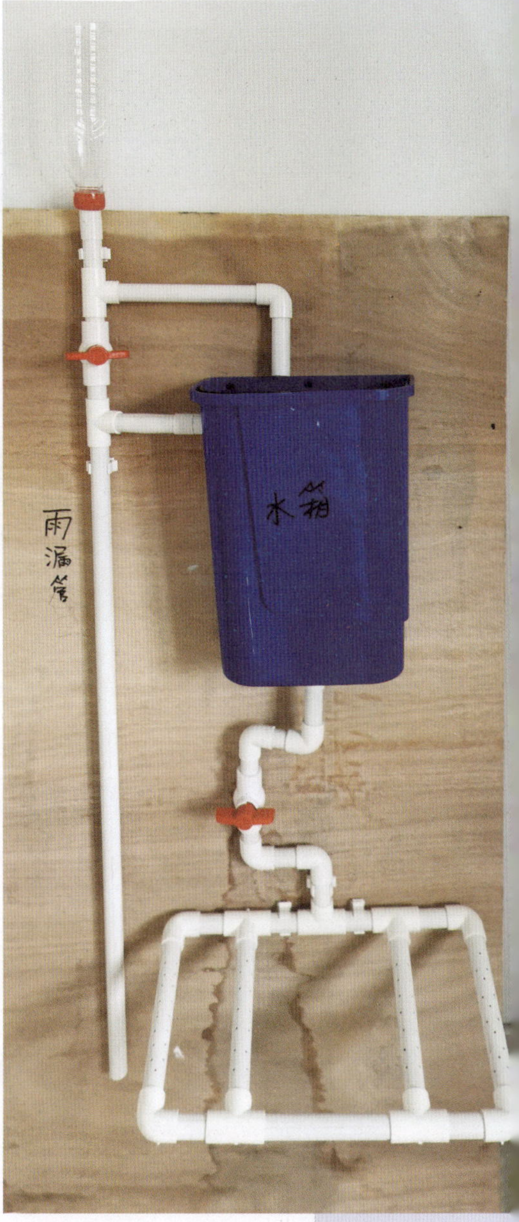

图片来自杭州市大关实验中学

分析并改进方案

面对测试过程中出现的问题，同学们并不气馁。他们知道，工程师在解决问题时，也会面临同样的情况。任何问题的解决都不是一帆风顺的。实际上，只有发现了问题，才能找到解决问题的方向。

子恒和同学们针对测试中发现的问题，提出了改进的计划，并按计划对模型进行了修改：将模型中的水管从角落装到中间，并且将出水孔减小。他们进行了不断测试。

为了得到更好的效果，经过多次的改进和测试，智能灌溉系统得到了更进一步的优化，已经基本能满足最初提出的标准。

成果展示

图片来自杭州市长阳小学

在子恒团队研究智能灌溉系统的同时，其他团队的同学们也在改进自己的方案。学校的科学老师则分别为各个小组提供支持。当所有的研究小组完成了智能灌溉系统设计制作后，学校组织了一次成果展示暨产品竞标会。

在会上，各小组依次展示了自己设计制作的阳光房智能灌溉系统，并派擅长表达的同学上台演讲。子恒同学被选为演讲代表，他向评委和其他同学展示了他们团队设计的灌溉系统的工作过程，描述了系统的设计原理，说明了系统的优点和不足，以及还需要改进的地方。

经评委投票表决，子恒团队成功中标。

图片来自杭州市北秀小学

投入使用

中标以后，结合老师提出的修改意见，也适当参考其他团队的设计亮点后，子恒团队再一次对模型进行了优化，并根据学校提供的材料，制作了一套实用的智能灌溉系统。在工人师傅的帮助下，同学们将这套系统安装在了阳光房内。

当打开开关后，灌溉系统出水了，并按照同学们所设想与希望的那样，每株植物都浇到了适量的水。

看着阳光房内郁郁葱葱、健康成长的植物，同学们开心极了。

我能做什么

学习像工程师那样解决问题，学会根据科学原理和数学知识，利用工程设计过程做出创造发明，是我们现在必须学习与掌握的重要内容。科学家和教育家认为，自 20 世纪 60 年代以来，人类社会都是依靠像电脑、互联网、智能手机以及芯片这样的技术发展进步的。目前，以人工智能为代表的新技术，正在开启新的技术革命，人类社会将因此发生又一次天翻地覆的变化。

学会像科学家那样探索，像工程师那样实践，是未来每个人生存与发展的必备技能！

词汇

园艺师　灌溉系统　灌溉渠

洒水系统　滴灌系统　传感器

控制软件

思考

1. 解决一个工程问题，需要哪些必要步骤？
2. 在我国干旱地区，水是制约农业发展的一大关键问题。请你为干旱地区的农民设计一套经济实用的智能小麦灌溉系统。说说它的工作原理。